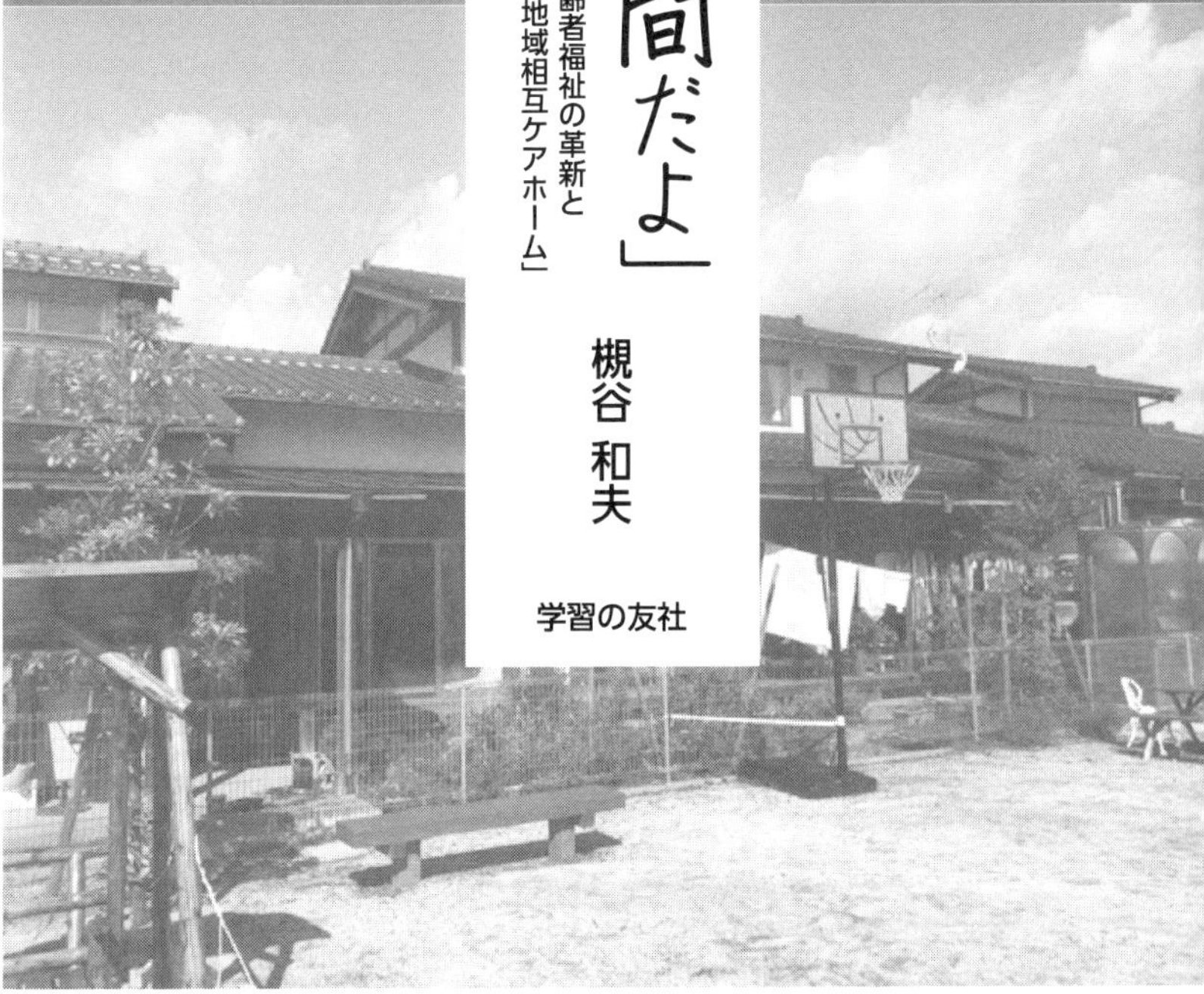

「ぼくたちも人間だよ」と言われて50年

高齢者福祉の革新と「小地域相互ケアホーム」

槻谷　和夫

学習の友社

●日本国憲法第25条

すべて国民は、健康で文化的な最低限度の生活を営む権利を有する。

国は、すべての生活部面について、社会福祉、社会保障及び公衆衛生の向上及び増進に努めなければならない。

●老人福祉法第2条

老人は、多年にわたり社会の進展に寄与してきた者として、かつ、豊富な知識と経験を有する者として敬愛されるとともに、生きがいを持てる健全で安らかな生活を保障されるものとする。

●日本高齢者人権宣言（２０２２年第35回日本高齢者大会より）

【長期ケアを受ける権利・ケアする人の権利】

高齢者は、必要な長期ケアを受ける権利があります。そのケアは、本人の自己決定に基づき、できる限り本人が望む場所（自宅、施設、別の家）で提供されなければなりません。また、高齢者の尊厳、独立と自律、プライバシーが守られる、質の高いケアが受けられなければなりません。高齢者をケアする家族には、必要なサポートを受ける権利があります。この権利を含め家族一人ひとりの人権が保障されなければなりません。また、家族以外のケアをする人の人権も、同様に保障されなければなりません。

まえがき

71歳になりました。たくさんの失敗と反省の人生でもありました。時の流れがいかに早いかを実感しています。

１９７６年7月、23歳の時に、定員１００名の特別養護老人ホームに就職して以来、高齢者福祉の仕事を約50年続けてこられました。勤める前、憲法第25条の「生存権」は知っていましたが、「特別養護老人ホーム」の存在や「老人福祉法」の内容も知らない全くの素人職員でした。「仕事」というものを深く考えずにいたことを深く反省しています。

そのような私が入職して2日目に、入所していた88歳の平井確郎さんから「ぼくたちも人間だよ。君たちよりよっぽど人生を歩んでいることを忘れないように」と諭すように言われたことに大きな衝撃を受けました。自分の至らなさを感じ、その言葉の意味を問い続けてきました。

物事を考える基準として「人間だよ」を考え続けてきました。2つの運営主体の特別養護老人ホームに11年間お世話になった後、島根県出雲市の中心部（出雲市駅から車で5分の日常生活圏）に日本で最初とされる「地域密着・小規模多機能」を理念とする「ことぶき園」を制度にないなか、1987年に開設しました。土地100坪、建物（一部2階建て）80坪の小さな老人ホームです。時代の流れと幸運もあり、5年後の1992年に小規模デイサービス（老人デイサービスE型・定員8名）が国の制度となり、出雲市から事業委託されるとともに島根県から「社会福祉法人」として認可されました。

1997年には「認知症グループホーム」（1ユニット定員5～9名）が、2006年には「小規模多機能型居宅介護」が、私の当初考えたものとは少し違いましたが、国の制度となりました。

特別養護老人ホームをなぜ辞めて、あえて日本の制度にないものに挑戦したのか、そして何があって、次々と制度化されたのか。一国民でしかない私自身の「高齢者福祉は変わる・変えられる」体験を本書で記したいと思います。

そして、2017年に再び制度にない「小地域相互ケアホームことぶきの里」を開設しました。高齢者も障がい者もそうでない人も年齢にかかわらず相互に協力し、尊重し、助け合い、優しくて思いやりのある小さな地域をつくる取り組みです。

これからの日本の福祉制度の一つとなるようにとの願いを込めて6年間の実践を述べたいと思います。

皆様からのご批判をよろしくお願い申し上げます。

2024年4月

槻谷 和夫

もくじ

1章

特別養護老人ホームで経験したこと

はじめての職場

私が社会人となってはじめての職場であった特別養護老人ホームは、たいへん刺激的でした。

特別養護老人ホームが１９６３年（昭和38年）の老人福祉法で制度化されてまだわずか13年でしたので、世の中にその存在があまり知られていない状況であり、ケアも発展途上の時代であったと思います。

勤めたのは島根県社会福祉事業団（後年、民営化される）の県立特別養護老人ホーム小山園で、島根県出雲市にありました。

勤めはじめた頃は、何も分からず、指示された仕事をこなすだけの毎日でしたが、少しずつ老人福祉の本を読んだり、現実を見たり、先輩の話を聞いたりするなかで、福祉労働者が目指す憲法第25条や老人福祉法第２条の理念が十分に実現されているのか考えるようになりました。

以下、特別養護老人ホームで経験したこと、考えたことを以前発行した『誰もが望む老人ホームづくり』（ことぶき福祉会、１９９２年発行）の事例も一部含め紹介させてもらいます。

なお、私が特別養護老人ホームに勤務していたのは35年以上前であり、現在とは違った部分も多いことを付言しておきます。

同じ人間

小山園に勤めて二日目でした。廊下を歩いていると、食堂にいた入所者に呼び止められました。私が通るのを待っていたように思いました。

「あんたは木次《きすき》（島根県木次町）の人らしいね。わしは加茂。同郷のよしみで言うんだが、わしらも同じ人間だということを忘れんがいいよ」

やさしい口調ながら、その言葉は大変ショックでした。言葉遣いや態度が気にさわったのでしょうか。初日は百人を相手にあいさつ回り。目の前にいる人に何を言ったのか、全く思い出せない。そして、「わしらは君たちよりもよっぽど人生を歩んでいる」とも言われました。

大学で少しは福祉を学んできたつもりでしたが、何も分かっていないことを痛感し、老人心理や老人福祉の勉強をしました。接し方や言動が「世話をする側」に立っていたのではないか、高い立場で見ていたのではないか、と感じました。

私たちが援助するのはハンディに対する部分であり、相手は一人の人格者で、ましてや現在高齢者と言われる人々は、戦前戦後を通して苦難の道を生き続けた歴史の証人であり、私たちが学ぶべき人々です。貴重なアドバイスをくれた平井確郎さんは88歳でしたが、職員の言葉や接し方で自尊心が傷つけられることに、寂しさといらだちを感じていたのではないでしょうか。

今は故人である平井さんの言葉は、私の「原点」であるとともに、高齢者福祉に携わる人々に対するものであると思います。新任で何も分からない私を通して、自分の気持ちを吐露できる場面をずっと待っていたのではないかと思います。

お酒券

勤務してすぐに与えられた仕事の一つに晩酌の量を表す「1勺券」「3勺券」「5勺券」をコピーすることでした。1勺は1合の10分の1です。

夕食前になるとケアワーカー（当時は寮母）さんが1升瓶を持ってそれぞれ「1勺」「3勺」「5勺」の線が引かれたコップに日本酒を注ぎ、膳に置いたり本人が取りに来られていました。数名が飲んでおられましたが、「5勺」は1人だけで、その方はメガネをかけた車イスの飯塚悌三郎（仮名）さんで、お酒をもらう時の笑顔は今でも思い浮かびます。

施設における飲酒の考え方は、現在においてもいろいろあるようで、「全面禁止」「行事の時だけ」といったところもあると聞いています。

少なくとも1987年に開設したことぶき園では、ドクターストップ以外は「自由」にしています。ただし、私個人の経験と反省も踏まえて言えば過度な飲酒は決してよくありませんし、周りの人々に多大な迷惑をかける場合もあります。

血液検査などをおこない、異常のある時は、ドクターの指示を受けることを前提に老人ホームでも、「自由な飲酒」は保障されるべきで、入所したからと一律に禁酒にするのはいかがかと思います。老人ホームは「収容の場」ではなく、「生活の場」なのですから。

2013年のことぶき園25周年記念会において、元入所者家族である槙原昇さんがあいさつで「ことぶき園は入所してもお酒が飲めるところです。私もことぶき園に入る時は焼酎瓶1本持っていきます」と力強く話されたことを忘れません。

「収容者台帳」

小山園のパンフレットには、園長さんや事務職員さん、生活相談員（当時は生活指導員）さんがいる場所を「管理棟」とし、入所者が暮らし、ケアワーカーさんや看護師さんの詰所があったところを「収容棟」と記されていました。

入所者の台帳は「収容者台帳」と印刷されていました。刑務所じゃあるまいし、あまりにも失礼ではないかと思い、上司の許可をもらったのか記憶にありませんが、「収容者」を「入園者」に１００名分書き直した思い出があります。若気の至りであったかもしれません。

余談として、はじめての職場であった小山園の園長さん（県の天下りの方）および私の直属の上司であった2歳年上の生活相談員さんは、とても懐深く、思慮深く、寛大、寛容な方で、私の以後の人生に大きな影響を与えてくださった人たちでした。ですから、全ての事柄に頭ごなしに「勝手なことをして」などと叱られた記憶はありません。誰に対しても「敬意」を払う人たちでした。同時に自分の考え、意見もしっかり持っている人たちでした。

この「収容者台帳」について思うことは、当時の老人福祉法の第11条では「身体上又は精神上著しく『欠陥』がある、その者を『収容』する」とありましたので、それに基づいて印刷されていたと思います。法律自体が「欠陥」者とか「収容」者とかになっていたのです。

これは明らかに人を見下した考え方であり、社会福祉の歴史の中で存在した「劣等処遇観」に基づく文面だと思います。

その後、法律は改正され、今では「障害者」とか「入所者」に変わりました。

人間は法の下に平等の理念は「国民の不断の努力によって、これを保持しなければならない」（憲法第12条）と思います。

素敵なケアワーカー

小山園に在職中、素敵なケアワーカーさんたちがたくさんおられました。

私たち2人の生活相談員と機能訓練士、そして5～6名のケアワーカーさんとは、週に1回程度、時には夜を徹して、自主的に入所者のケアのあり方を話し合っていました。そのためには、入所者一人ひとりのことを真剣に考え抜かねばならなかったし、例えば脳卒中の後遺症状、老人心理の基本的理解、廃用性症候群、認知症（当時は老人性痴呆）への考え方等々、現状がなぜ発生しているのか、その背景、歴史を学んで臨まなければなりませんでした。

それぞれ面白いように意見が違いましたが、お互いの考えを深く理解しようとし、議論するなかで、みんなで「あーそうなんだ、そう考えればいいんだ」と一致していくのでした。誰が先生でもない自由な討議、他人の意見を尊重することの大切さを学びました。

その中には後年、県社会福祉事業団の事務局長を長年務められた鎌田博志さんや、現在出雲市斐川町にある「金太郎の家」理事長の阿食かをるさん、そのほか吉川千恵子さん、深田八重子さん、大野幸子さんもおられました。皆さん、私が生涯信頼、尊敬する人たちです。

また、その中の一人に藤原クミ（仮名）さんがおられました。ある晩8時前に書類残業を終えて入所者棟の2階のホールに行くと、5～6人の入所者が車イスやベッドのままホールに出てお茶を飲み、その真ん中に藤原さんが繕い物をしながら話し相手になっていました。時々笑い声がして、家庭的というか明るさが漂っていました。

夜勤は入所者100名につき、ケアワーカー3人でしたので、そんな時間をつくれる人もいるのだと感動しました。

当時は布のオムツ使用の時代でしたが、その方はオムツ交換する時に、1組余分に持って、それを本人の布団の中に入れておき、次の交換時はその温まったオムツを使うと言っていました。あったかいオムツは温かい心なくしては生まれません。

このような、相手の立場に立ち、思いやりを忘れないケアワーカーの姿は時代を問わず、大切なことと感じた次第です。

ジゲに帰る

「ジゲに帰る！　ジゲに帰る！」と栗原トマさんは毎日、昼夜叫び続けていました。大声は、いわば日常的なもので、診断書も「認知症」とあり、当時の私は、仕方のないものと考えていました。だから、話をしても無駄なことと勝手に考え、夜勤のケアワーカーさんから「昨夜は一晩中騒いでおられました」との申し送りがあっても、「またか」と同室者には気の毒だと思いながらも、特に気に留めませんでした。

ところがある日、同室者の人と話をしていた時、例の「ジゲに帰る！」を大声で何度も繰り返されるので、「栗原さんはどうしてジゲに帰ると言われるのですか」と思わず尋ねました。するとびっくりした顔をしてこちらを見て、「おまえは、そぎゃんことが分からんのか。ここはワシの家だない。親戚の家に行くと言ってだまして連れてきた。早いこと家に帰らせ！」と言われました。

私は簡単に「認知症」と言って片付けられないことと思い、入園時おられた職員さんや、大阪にいる身元引受人の養女さんに事情を聴いてみました。

栗原さんは一人暮らしでしたが、だんだんと身体も弱まり、90歳になって老人ホーム入所となり、身内は養女さんだけでした。「老人ホームへ行く」と言えば必ず拒否されると思い、やむを得ず、だました形で連れていった、とのことでした。

私は先輩の生活相談員さんの助言を受け、一度家に帰ってもらおう、と二人で栗原さんを車に乗せ、家のほうへ向かいました。家の近くになったら、「おお、これは妙見橋だ。この右へ行ってくれ」「おお、ここは集会所だ」と次々と語られます。私たちは驚くとともにうれしかったです。

家に着きましたが、今は空き家なのでカギがかかっていて入れません。すると、「向かいの〇〇のところへ連れていってくれ」と言われ、先輩の生活相談員さんがおぶってその家に入ると、「まあトマさんじゃないかね。どげしたかね」「おお、ワシは帰ってきた」と懐かしそうに話され、その日はお墓参りをして戻りました。

それ以降、時々近所の家に寄せてもらい、また養女さんに無理をお願いして、盆と正月には家に帰ってもらい、栗原さんと過ごしてもらいました。「ジゲに帰る！」の大声はなくなり、オムツも取れて、何より笑顔のある会話のできる、冗談さえも言い合える生活となりました。

「認知症」という言葉を簡単に使ってはいけないことを教えられた出来事でした。

畑づくり

今考えると、小山園ではたいへん楽しい実践をしていたと思います。

その一つに中庭にかなり広めの畑があり、ナスやキュウリ、さつまいもなどを栽培しており、苗を植えたり水やりや収穫を入所者がしていました。

歩ける方は毎日水やりをして育つのを楽しみにしていたり、収穫の時はたくさんの方が集まり、車いすの方は這ってどろんこになってさつまいも掘りをしていました。「老人には坂道と畑を与えよ」というデンマークの格言があると聞いた覚えがありますが、土とともに生きるのが人間の歴史であり、文化であり、喜びではないでしょうか。

その他、のど自慢大会、ちまきづくり、映画会、自治会など、極めてケアワーカーの少なかった約50年前の特別養護老人ホームで、このような実践がおこなわれていたことは、

畑づくり

のど自慢大会

誕生日の記念撮影

ちまきづくり

ケアのあり方の原点として参考になるのではと思います。

たとえ要介護状態となっても、決して排泄、入浴、食事などの介助をされるだけの存在ではなく、日々を人間として生きていく大切なものがもっともっとたくさんあることを学ばさせていただきました。

制服

特別養護老人ホームに勤めて、しばらくは全く疑問に思いませんでしたが、当時、「生活の場」を求めて実践していくなかで、ケアワーカーがジャージ服などの制服であることに違和感を持つようになりました。

特に、私が勤めはじめた頃は少なくとも島根県内の特別養護老人ホームはジャージ服でした。「運動会をしているわけでもあるまいし」と思いました。

なぜ制服なのか考えると、医療職はほとんどが制服（一部私服の医師に出会ったことはありますよ）です。患者と良い意味で区別し、責任を持って患者を助けるという誇りに基づいているのではと思います。

老人ホームはどうでしょうか。老人ホームは「生活の場」であり、入所者の暮らしそのものを支える仕事で、歩んでこられた人生に敬意を持ち、生きる価値を保障する仕事ではないでしょうか。丸ごと人生を考える場だと思います。

そう考えると「生活」にはさまざまな服があり、一律化は違うのではないかと考えました。入所者にとって、同じ制服の人が入れ替わり存在したら、「個人」ではなく「全員」同じ人と映るのではと思います。これはカナダの社会学者アーヴィング・ゴッフマンの「全制的施設」（多数の似通った境遇にある人々が、社会から隔離され、閉鎖的で形式的に管理された場所）からの解放の一側面と言えると思います。

私服であれば「あの赤い服のお姉さん」「いつも緑のお兄さん」ということで、職員の存在感が出てくると思います。「入所者」「職員」というグループから「個人」を意識することが、本来の「生活の場」ではないでしょうか。

ただ、私が勤めた特別養護老人ホームは１００名定員で、次は50名定員でしたので、当時のこの大規模集団で変えることは私にはできませんでした。

より「普通の生活の場」を求めて、小規模ケアを後年はじめた理由に、私服が可能になるという面もありました。もちろん、いわゆる「ＴＰＯ」をわきまえた私服です。

老人ホームの生活は食事も含めて全ての部面で彩りのあるべきものと思います。

大きな声の誤解

岡田エミ（仮名）さんは90歳を越え、耳も遠いと言われ、職員は話をする時、いつも大声で話していました。ですが、反応がほとんどないのが常でした。ところがある日、大きな声を出した職員に向かって「あんたは、いつもやかましくていけんわ」と大声で言われました。

実はこの岡田さん、若干耳が遠いとはいえ、けっこう聞こえていたのでした。ですが、職員のうるささに返事をする気にもならなかったようです。

お年寄りの中には耳が遠くて、大きな声でないと聞きづらい人もいるでしょう。しかし、一般的には小さい声のほうがよく聞こえるらしいです。専門書を開けてみると、低くゆっくりとしたしゃべり方が、波長の関係などから聞きやすい、と書かれています。「うちのおばあさんは都合のいいことばかり聞こえるんだから」「大きな声を出しても聞こえないふりをしているのに、悪口となるとよく聞こえるみたい」なんていうのは、案外こんなことからでしょうか。

さて、岡田さんですが、職員はそれ以後会話をする時、耳元でささやくようにゆっくりとひと言ひと言話をするようになりました。もちろん言葉遣いにも気を付けて。すると無口と思われていた岡田さんとの会話が少しずつ成り立つようになったのは言うまでもありません。

この話には余聞があって、岡田さんと職員が静かに話をするようになってから、同室の耳のよく聞こえる方が、「ああー、最近静かになってええわ、前は、耳をつんざくような声がいっぱいだった。これで安心して生活できるようになる」と言われたのです。

耳のよく聞こえる人にとって、大声での会話の中に置かれるのは耐えられません。歩ける私たちなら、その場から逃げられますが、要介護の高齢者は逃げられないのです。

この話と直接に関係はないと思われるかもしれませんが、人間の声ということで、子どもの授業参観に行って感心したことがあります。保護者が来ているためか、教室がざわついていました。担任の先生が大声で注意をするのかと見ていたら、小さな声で静かに話しだされました。教室は、引き付けられるようにシーンとなりました。小さな声は人間の集中心を生むようです。

話し相手の大切さ

高齢者にとってもいかに話し相手が大切か、森山トクさんのケースを紹介したいと思います。

森山さんが入園してきたのは70歳前後だったと思います。脳卒中の後遺症で半年間入院し、リハビリを受けていましたが、車いすによる生活以上の効果はこれ以上望めないし、何より本人のやる気がないということでした。

入所者の話し合いの会があると、車いすに座って一人でしゃべりだします。そして、すぐに泣きだしたかと思うと急に怒りだします。また、食堂で人に向かって、「どうせ私はバカだけん」と泣きだす日も多くありました。

私は「認知症」という病気を詳しく知りたいこともあって、森山さんとは実によく話をしました。勤務外も使い、毎日最低でも30分、もっぱら聞き役でした。

昔はたばこが好きだったそうで、死んでもいいからもう一度吸ってみたいとよく語っていました。老人ホームではたばこを禁止しているところも多いぐらいですから、医療関係者と相談し、1日2、3本でも〝許可〟してもらえるホームは良い方です。森山さんは血圧のことや既往症のことで、〝許可〟されませんでした。しかし、私は上司と相談のうえ、食後に1本ずつ、1日で5、6本、看護師さんに内緒であげていました。たばこの害より、精神的な安定がプラスになると思ったからです。

食後のあの一服を実に巧みに手に持ち、そして本当においしそうに吸う森山さんのあの顔を今でも忘れることはありません。これ以上の幸せはないという笑顔でした。

3か月ぐらいで森山さんの認知症がほぼ治りました。驚くとともに、なぜなのか、いろいろ検討しましたが、よく分かりません。そんな時に森山さんが話してくれました。

「私の話をたくさん聞いてもらっているうちに、だんだん頭の中がスッキリしてきました。ただ聞いてもらえるだけでどんなにうれしかったか。病院では怒られることが多かった。思うように体が動かないのが悔しくて悔しくて、毎日イライラしていました。だけど、ここのケアワーカーさんは優しくて、自分の家で花が咲いたから、と持ってきてくれたり、とてもうれしかった」

健康管理ということで画一的に規制するより、じっくり気持ちを聞いて、少しでもその気持ちを実現する方が健康な体にしてくれる場合もありそうです。

森山さんの認知症は当時約60％を占めていた脳血管性認知症であったので回復できたと思います（現在は約20％と言われています）。

6人部屋

特別養護老人ホームに勤務して2年目のある日のことです。

職員が文化祭の準備のため残業していると、突然、「ここは自分の思っとることを何でも言ってもいいとこかいね」と言って、星野寅蔵（仮名）さんが来られました。すでに時刻は夜の8時半を過ぎ、ほかの人は寝ておられる頃です。

私たちは、ケアワーカー室の中に入ってもらい、お茶を出し、「どうぞ、何でも言ってください」と言いました。しばらく黙っておられた星野さんは、「うん、そうか。じゃあ言うが、わしはもう6人部屋には耐えられん。すぐ隣の人の寝息が聞こえるのはまだしも、大声で怒鳴ったり、ポータブルトイレでするオシッコの音がすぐ横で聞こえたり、ウンコのにおいがしたり、特にわしは真ん中だから、両方から攻められているようで耐えられん。せめて4人部屋にしてもらえんもんかいね」と訴えられました。

確かに一人2畳分のスペースのところにベッドがあるので、自由に使えるスペースは1畳分です。そこに床頭台があり、ポータブルトイレでも置けば、車いすの置き場もない狭さです。荷物は頭上にある棚に置くしかありません。ふだん使うものは、床頭台だけでは足らず、ベッドのまくら元にいろいろ置いている人も多くいます。6人部屋であること、それにもまして、一人分のスペースが狭いことは生活している人々にとってたまらないことでしょう。

1971年4月以降に建設された特別養護老人ホームは4人部屋が基準となり、一人当たりのスペースも若干広くなっていますが、それ以前に建設されたところは星野さんの言われる実情でした。

星野さんは、この夜の話以後、ことあるごとに、例えば入園者の会の会合で園長に訴えたり、園の新聞に投稿したりして改善を要望されました。当時は星野さんの願いは実現しませんでした。

ただ、私は今まで「お上に世話になってるから何も言えないわな」とつぶやき続けてきた老人ホーム入所者の中に、自分の生活向上の願いを堂々と語られる人がおられたことをうれしく思い、老人ホームの主人公は入所者そのものであることを身をもって教えていただいたように思っています。

きっと星野さんのような声が世の中の大きな動きとなり、その後徐々に個室が当たり前となる時代がきたと確信します。入所者の声こそが時代を発展させていると思います。

一時帰宅

小山園に入所していた人で約100キロメートル離れた浜田市からの入所の方がいました。当時、特別養護老人ホームが県内に6か所しかなかったからです。

ここには知り合いが誰もいない、さびしい、最後に家に帰りたい、と時々懇願していました。全介助の状態でもあり、家族の送迎はとても不可能と思い、申し訳ないと日々思っていました。ところが、先輩の生活相談員さんから、「槻谷君、浜田へ行こうじゃないか」と言われ、ベッド付きの車で向かいました。中田サダオ（仮名）さんの涙を流しながらの二泊三日の旅となりました。

行きと帰りでそれぞれ一日がかりの仕事となりましたが、何か大切なことを学びました。この件があってから、盆と正月には本人の希望を聞いて家族の方にぜひ一時帰宅させて欲しいと伝えて、100名の内ほぼ半数の人が一時帰宅できました。

要介護の状態ですのでほとんどの方は職員が休日返上で排泄用具など介護用品持参で送り迎えをしました。やむを得ず老人ホーム入所となっても、時々自宅に帰れることは、とても喜ばれました。「仏壇を拝んで安心したわ」「家族や近所の人、みんなが優しくしてくれたわ」「やっぱり家はいいわ」などの言葉を聞きました。

うれしい〝事件〟

小山園の「運動会」で喜ばしい〝事件〟がありました。それは最後を飾る玉入れ競争の時です。

直径3メートルの円の中央のカゴに向かって円の外から車いすの人が玉を投げ入れはじめました。カゴに入らなかった玉は職員が拾って次々と手渡してまた投げます。ところが、職員の手が足らず、入所者は気は急ぎながら次の玉をもらうまでしばらく待たなくてはなりませんでした。

その時、今まで歩けなくて車いすの生活だった83歳の糸賀マツ（仮名）さんが急に車いすから立ち上がり、カゴの下に落ちている玉を自分で拾い、再び車いすに座り、玉を投げたのです。一瞬の出来事でそれを見ていた職員は、ただびっくりするだけでした。職員がすぐに歩行車をもってきて、立ってもらいました。

それ以降、杖歩行にまで回復し、天気の良い日には園の周りを散歩したり、草取りや畑仕事もされるようになりました。あの日の一瞬のことを糸賀さんは「いやー、勝たないけんと思ってね。無我夢中だったわね。自分でも歩けておべた（驚いた）わ」と語ってました。歩けない頃は無口で、顔の表情も沈みがちであった糸賀さんが、歩けるようになってからの笑顔の日々は、私たち職員に大きな希望を与えてくれました。

糸賀さんは、いわゆる〝つくられた〟要介護老人でした。特に大きな病気があったのではなく、年を取ってきてだんだん体の動きが鈍くなると同時に、家庭で大切にされ過ぎたのか、否応もなくじっとしていることが多くなり、歩けなくなりました。そして、自分でも歩けないものと思い込んでいたようです。

実は、このような状態で家庭から入所する〝要介護老人〟も少なからずありました。こうした入所者は特別のリハビリテーションをしなくても、意欲の出る生活が営まれる環境が提供されれば、少しずつ日常的なことが自分でできるようになります。糸賀さんの〝事件〟は、老人ホームにおけるケアで日常に近い生活環境を提供することの必要性を認識させる出来事でした。

夫婦

老人ホームに勤めていると、入所者から昔話をたくさん聞かせてもらえる喜びがあります。

はじめに入園されたのは、夫の田本良夫（仮名）さん82歳でした。脳卒中の後遺症で入院されていましたが、だんだんと全介助となり、オムツ使用、食事も全面介助、移動のための車いすもリクライニング形式のものにしか乗れませんでした。男性の場合、往々にして、脳卒中後遺症の一つとして、右片麻痺、言語障害が表れますが、良夫さんもそうでした。表情も常に沈んだ状態で笑顔のない毎日でした。

半年後、今度は80歳になる妻のミツ（仮名）さんが入園されました。私は当然のことと思い、4人部屋をカーテンで仕切り、〝夫婦同居〟の準備をしましたが、ミツさんは〝同居〟を拒否されました。私はあえて理由を聞かず、ミツさんの言うとおりにしました。

ミツさんは比較的元気で、杖歩行で園内をあちこち回り、友だちもつくったりして、結構楽しく生活していましたが、夫の部屋には決して行かれませんでした。

私は、良夫さんのあまりにさびしそうな表情を見て、3か月後、いらぬお世話と思いつつ、ミツさんに夫の食事介助を頼みました。ミツさんは一瞬戸惑った様子でしたが、「それぐらいだったらすーかな」と言われ、以後、毎食の食事介助は妻の「仕事」となりました。

夫の表情が日々明るくなってくることが、私はうれしかったものです。夫婦の無言の笑顔をちょくちょく見るようになりました。

ミツさんに話を聞いてみました。「実は夫とはある人の紹介で結婚したが、ろくなもんではなかった。仕事は長続きせんし、借金をしてくることもあった。手が上がることもあった。本当は世話をしたくなかったが、していくうちに夫が私に感謝してくれている様子が手に取るように分かった。今まで、そんなことはなかった。この人から感謝されるとは……」と言って涙を流されました。

しばらくして、ミツさんは〝同居〟を望み、食事だけでなく身の回りの世話も、できる範囲でされるようになりました。

さまざまな願い

生まれてこのかた八十数年、その小さな村を離れたことなく、田畑で生計を立ててきたAさんは、妻とともに5人の子どもを立派に育て上げました。子どもたちはみな都会に就職し、それぞれがすでに〝都会の人〟になっていました。

3年前に妻が亡くなってひとり暮らしを続けていましたが、高血圧症などの病気もあり、体力の衰えとともに、食事も自分でつくれなくなってきました。Aさんは、民生委員の勧めもあって、村外の、今まで住んだこともない地域にある老人ホームへの入所となりました。入所する前日、Aさんは親しくしていた近所の人々と別れの盃を交わしました。

Bさんは、脳卒中の後遺症で半身麻痺となり、要介護となりました。発病直後からリハビリテーションを受けていましたが、他人の介助なしには生活できなくなりました。長男夫婦と同居していましたが、夫婦共働きで、昼間世話をする人がいなくて、老人ホーム入所となりました。

「せめて昼間だけでも働いている間、毎日安心して世話してもらえるホームがあれば、入所までしなくてもよいのですが」と長男は語り、本人は「まさか自分が老人ホームに入所する身になるとは夢にも思わなかった」と、言っていました。

Cさんは、要介護で在宅で世話を受けていました。長男の妻が介護していましたが、昼間は家事などもあり、Cさんが寝込んでいてくれて助かっていました。Cさんは夜、目がさえて、寂しさからか大声で家の者を呼ぶ毎日でした。そして、夜のおむつ交換もあります。介護者である妻は「せめて一晩だけでも大の字になって、そして朝まで途中で起こされずにぐっすりと寝てみたい」と語っていました。

いつでも、気軽に、安心して必要な期間や時間で利用できる老人ホームが身近な地域にほしい…。多くの方がそう望んでいると思い、その願いを実現するため、小規模多機能型老人ホーム「ことぶき園」は開園しました。行政の老人ホーム補助対象は、原則として50人以上（一部30人）の長期入所スタイルのホームに限られ、「ことぶき園」はその対象となりません。だから、利用料金と寄付金などに頼らざるを得ませんが、いずれは、行政の補助対象事業として許可され、いつでも、だれでもが利用できることを夢みています。

そのことは、どんな障害になろうとも、みずからの生きる場所をみずから決定でき、そして人間としての尊厳が守られ、自由を享受していける場所や地域社会をつくっていく社会福祉の本来の理念に基づくものと私は確信しています。

（ことぶき園を開設してから36年、ずいぶん変化し、発展してきました）

錦織義宣さん

義宣先生との出会いはある研修会で講演されたのを聞いた時です。ドイツの哲学者ヘーゲルの弁証法について語られました。「正」「反」「合」によって物事は高次へ発展する。それは自然でも社会でも社会福祉でも共通する事柄だと。

先生が園長をしておられた出雲市の養護老人ホーム長浜和光園（定員80名）ではすでに全国で最初と言われるバイキング方式の食事がなされていました。現在でも息子さんがその意思を継いでおられます。

　バイキング方式とは一日三食ともホテルの朝食と同じ様な方法での食事提供をするということです。大皿とか温かい鍋とかに盛られた食事を自分の好みで自由に取れる方法です。栄養の偏りがないように、例えば同じサラダを入口と中間・出口に置くなどの工夫をしておられましたが、少々かたよりがあっても好きなものを自由に食べれる幸福感は何物にも勝るものでしょう。

　先生は「食事は文化」と常に言われていました。食器は陶器です。塩分摂取についても大学医学部の教授の助言を受けながら1日5～7グラムを実践され（味付けは出汁を研究しておられた）、高血圧症状の改善にも成果を上げておられました。「既成概念の打破」「老人も人なり」をテーマとしておられ、施設内に売店や喫茶店があり、入所者が店員をされていました。

　私は先生から学びたくてちょくちょく訪問していました。ある日、夜の様子も見ていいよとの言葉に甘えて8時頃に行った時、入所者は入浴していました。老人ホームでの夜の入浴は聞いたことがなかったのでびっくりしましたが、養護老人ホームということもあったのか、「普通、夜に入るでしょ。見守りが一人いれば大丈夫」とのことでした（後に私は特別養護老人ホームでも実践しました）。

別の日の夜、周りは真っ暗な中、明るく照らされた食堂のソファで5～6人の男性が1升瓶片手にコップ酒をあおり、昔の歌を楽しそうに肩を抱き合って歌っていました。随分酔っ払った様子でしたが、職員は誰もいませんでした。

老人ホームの入所者は「人間である」ことを学びました。

後年、ことぶき園を立ち上げた時には、後援会長をしていただき、社会福祉法人化した時には理事長をお願いしましたが、辞退されました。「君がはじめたことだから自分でしなさい。僕は自分で立ち上げた施設に、ある県会議員に理事長をしてもらったが何かと失敗した。権限は自分が持った方が良い」と言われました。

島根県老施協の研修会

全国老人福祉施設協議会を上部団体とする島根県老人福祉施設協議会があります。その集まりに私も毎年参加していました。

出雲市斐川町にある、湯の川盲老人ホームの園長さんが会長であった頃、今でいう生活相談員とケアワーカーの研修会でのあいさつで「皆さん、毎日お疲れ様です。この研修会は勉強もしますが、今日は皆さんを慰労する会でもあります。講演会の後の夜の交流会で存分に意見交換して仲間同士の親睦を深めてください」と言われました。何だか気持ちがホッとした思い出があります。

そこで、公立、私立を問わず、特別養護老人ホームや養護老人ホームで働く人々と出会うことができました。たくさんのごちそうに加えてお酒も出て、和気あいあいと交流をしました。

そこで顔見知りとなり、お互いの情報交換もできましたし、後日、相互に見学し合うこともできました。

こうした出会いが1980年頃、老人ホームの若い職員の自主的な団体である島根老人福祉問題研究会（全国老人福祉問題研究会島根支部）の発足につながりました。同時に1981年の認知症の人と家族の会（当時は呆け老人をかかえる家族の会）島根支部の発足となり、のちに2002年からのしまね小規模ケア連絡会へとつながっています。集団を組織して問題意識を共有し、みずからの立ち位置を学び、社会に提言する活動こそ未来をつくるものと思います。

2章

「小規模多機能老人ホーム」ことぶき園開設と制度化への道

ことぶき園開設の理念と実践

小規模多機能老人ホーム開設

１９８７年ですから今から37年前、「地域密着・小規模多機能」を理念とする高齢者介護ホームことぶき園を国の制度にないなか、開設しました。

制度にありませんから、建設にも運営にも行政から援助はなく、ほぼ全てが借金での出発でした。

現在では地域のあちこちに認知症グループホームや、小規模多機能ホーム、デイサービスセンターが存在していて、世の中の大きな変化を感じますが、開設当初は、地域の中にはありませんでした。地域とは誰でも毎日目にすることができる日常生活圏という意味です。

ことぶき園は少し大きめの民家とよく言われていました。近所は民家が立ち並び、およそ老人ホームのイメージとは違うものでした。

ことぶき園外観

ことぶき園の取り組みについて、1990年11月に開催された島根県主催の「これからの在宅福祉を考える公開セミナー」での発言を引用しながら記述します。

大規模から小規模へ

ことぶき園をはじめて3年半になりますが、それまでは特別養護老人ホームに11年間勤務していました。

そのなかで、入所者から「本当は地元に帰りたい」との言葉をたくさん聞いてきました。どうして生まれ育ち住み慣れたところではなく、山の上とか、人里離れたところ、不便なところに老人ホームは存在するのだろうかと感じていました。

その原因として、今の老人ホームは原則50名以上（一部30名）ですので、大規模な入所者の集団ということになるわけです。

そうしますと、どうしてもケアする側も管理的流れ作業的にならざるを得ない側面が多くなります。いろいろ努力はしますが…。もっとこじんまりした家庭的で顔なじみなゆったりとした老人ホームはできないだろうか、と考えてきました。

それと、老人ホーム入所となれば、家族、友人、知人とのそれまでの関係性がきわめてうすくなる。周囲も老人ホームに全てまかせてしまう。そういった傾向も多分にあるのではないかと感じてきました。

たまたま近所からの入所があった時、本人の好物のおかずを夕食時よく持参された家族がありました。入所となってもこのような関係性ができたらと思いました。

重い在宅介護の負担

それと「島根家族の会」といって認知症の人と家族の会の島根支部があります。１９８０年に京都で生まれ、島根でも翌年から活動をはじめています。

そこで私は在宅で介護されている人とその家族にはじめて出会いました。何度か会合に参加するなかで、「一晩だけでも起こされずにぐっすりと大の字になって寝てみたい」「たまには友だちとレストランに行ってみたい」「週に1回は休養日が欲しい」「家族揃って行楽に行ってみたい」といった願いが、家族から口々に語られました。なかでも私がとても印象に残ったのが、喫茶店を経営している方が、認知症の親を一人にしておくと動き回って何をするか分からないので、申し訳ないけど柱にしばって食事を置いて仕事に出かけるとの話でした。

そうした人たちが困った時に安心して気軽に駆け込めるようなそんな老人ホームが本当は必要なのでは、と感じてきました。

そうしたことの結論として、小規模多機能型の老人ホームが地域の隅々に建設されていくことが、これからの高齢社会の中で必要ではないか、と思うようになりました。

先程も言いましたように、現在は原則50名以上の長期的入所ですので、どうしても広い土地を求めて地価の安い遠方に人があまりいないようなところにつくらざるを得ない状況がある訳です。

規模を10人とか20人までとかに縮小すれば日常生活圏の中にも老人ホームはつくれるのではないか。ことぶき園は、出雲市の市民会館のすぐ近くの町中にあります。地図を示し

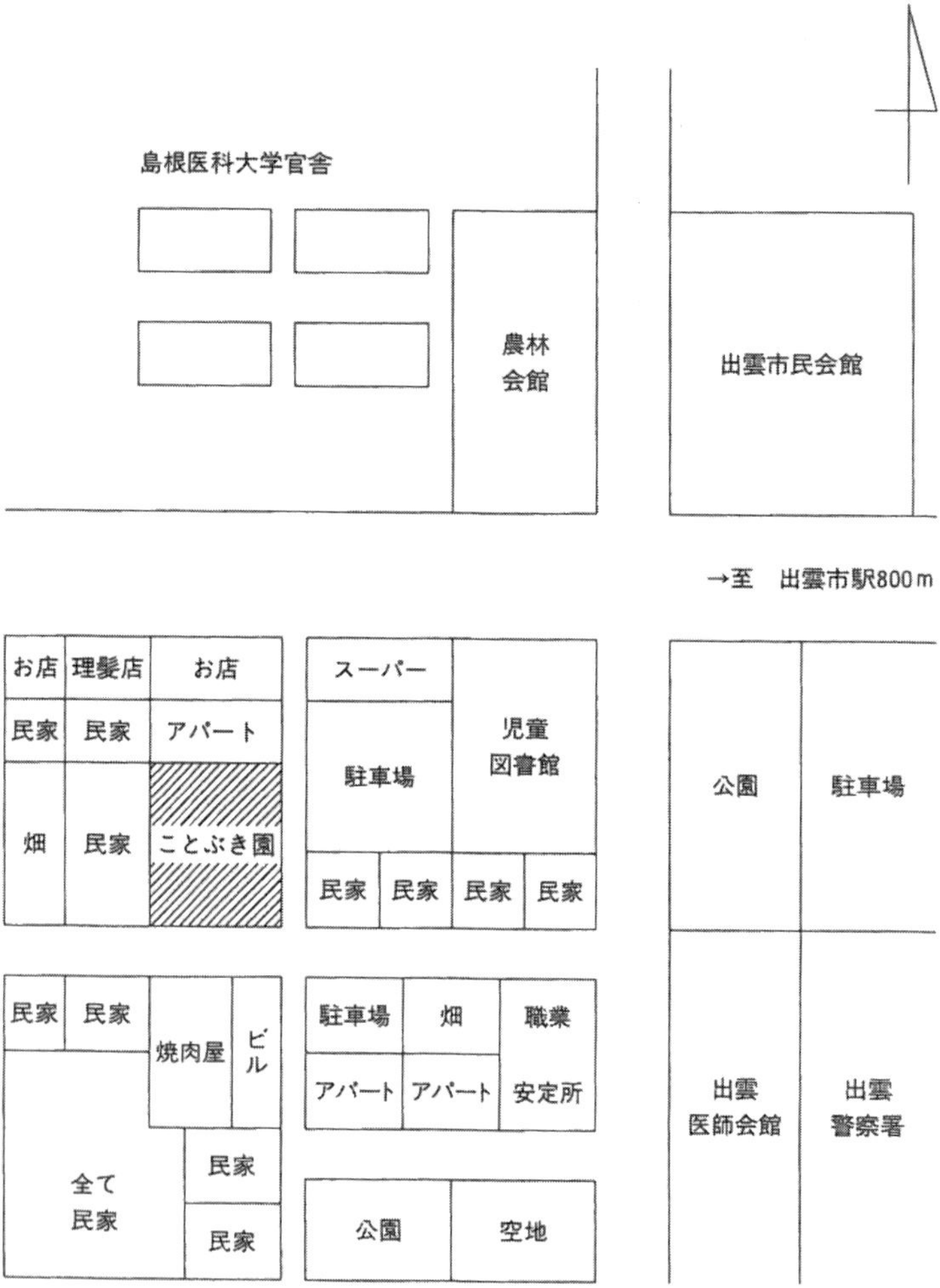

ことぶき園開設時の近隣図

ておきます。定員は一応長期短期含めて入所10名程度、デイサービスは多くて7～8名の小さなホームです。

自由な利用スタイル

ケアの期間も、必要に応じて長期入所の方があってもいいわけですし、2～3日、1週間、1か月といった短期入所もあります。定期的な利用の方もいます。

デイサービスにしても、町中につくれば通うのに便利であり、家族が送迎されるケースも多く、毎日でも週何日かでも自由に選べます。時間も早朝から夕方まで自由ですので、息子さんが仕事に行かれる7時頃から夜8時頃まで、月～土の利用や日曜日だけの利用もあります。利用時間が自由ということで、介護者が歯科医院に行かれる2時間だけとか、入浴だけという方もいます。デイサービスの方が急に泊まることもできます。

そういった利用スタイルを施設側が決めるのではなく、本人と周りの状況によって必要に応じて決めていく、そんな老人ホームです。

面会ラッシュ

ある例を紹介しますと、ことぶき園から３００メートル離れた自宅に住んでいる95歳の男性が長期入所をされました。要介護になってからだんだん重度の介護になり、介護していた60代のお嫁さんが腰を痛められて入所となりました。幸い、近くですから、92歳になる奥さんがほぼ毎日、「じゃまごが来ました」と言って、近所の小僧寿しを持って手押し車で来ています。奥さんは、ことぶき園の食事を食べて、旦那さんは小僧寿しを食べます。きっとお寿司が好物であったのでしょう。奥さんは昼寝してから旦那さんと一緒に過ごし、６時の夕食を見届けて帰られます。

別にこちらの側から「来てください」とお願いしたわけでもありませんが、その家族は「ここはおじいさんの別荘だけん」と言っています。

他にも、仕事帰りの夜7時頃毎日様子を見に来て、「おばば元気か」と声をかける息子さんもいますし、土、日は面会ラッシュで家族同士も仲良くなり、ホールでみんなで間食のホットケーキなどを和気あいあいとつくるのが習慣になっています。入所しても家族とともにケアしていく視点は大切と思います。

クレープづくり

仲良し三人組

なお、「面会簿」は必要ありません。

入りやすい雰囲気

昼間、皆が集まっているホールの前は車も自転車も歩行者も通る道で、子どもたちの通園、通学も毎日見えます。日々の暮らしの中にあります。

そんな立地条件ですから、親戚の人や昔からよく知っている仲間や知人が気軽に来園されますし、隣近所の小学生たちも遊びにやってきます。

地域とのつながり

近所の子どもたちもそうですが、近くにある二つの保育園の子どもたちの散歩姿も見かけ、保育士さんに声をかけたところ、時々ホームに入ってきて、歌を歌ったり、ゲームをしたりしています。

園から100メートル離れたところに市立の公園があり、散歩に行きますが、そこで出会った赤ちゃんを連れた奥さん方との交流もできています。それから「徘徊」のある方が

近所の子どもたちとそうめん流し

前庭で焼きそば会

近くの公園でお花見

いも掘り

出雲大社へ参拝

行方不明になり、職員が外をバタバタしていると、地域の人たちが出てきて一緒に捜してもらえるとか、そんなこともあります。

ボランティアという点では、今、近所の方や近くの島根医科大学（当時）の官舎にいる人たち20人で食事づくりボランティア「麦の会」をつくり、ほぼ毎日つくっていただいています。

土、日、祝日や来られない日には入所者や職員が厨房に入り、つくっています。なお、食事の時間も朝は7時頃、昼食は12時頃、夕食は6時頃であって、個人の状況でずれることもあります。小規模なので可能かと思います。

課題

残念ながらこのような老人ホームの在り方は現在の福祉制度にはありませんので、入所1日5000円（長期利用月12万円）、デイサービス1日2000円（時間によっては1000円）の高額な利用料となっています。

それでも運営は極めて厳しく、借金の返済もあり、職員の賃金は生活費ギリギリしか出せません。

ましてこのような柔軟なケアの在り方を理解し、実践してくれる職員さんはそんなにはいないと思います。他の老人ホームに行けばもっと良い賃金がもらえるだろうに、申し訳ない気持ちでいっぱいです。

以上のような考え方を発言しました。

幸いにして、開設当初から地元紙の山陰中央新報に度々取り上げてもらい、他のマスコミからも取材があり、各方面でお話もさせていただきました。

制度化への道

社会福祉法人化と事業委託

ことぶき園開設から4年目の1991年に島根県の独自施策であった、おそらく全国初の「高齢者介護ホーム事業」（認知症毎日通所型事業、8時~18時）の実施となりました。法人格のない無認可施設であったことぶき園に事業委託されたのは異例であったと思います。

そして、翌年の1992年に同じ内容のデイサービスが国の事業である「デイサービスE型」となり、ことぶき園も社会福祉法人として県から認可され、事業委託されました。当時、社会福祉法人には1億円以上の資産が必要と担当者に言われましたが、元々資産なしのことぶき園であり、全く1億円には届きませんでした。国の事業委託には「社会福祉法人」であることが必要でした。

県庁での最後の打ち合わせで、「仕方ありません。あきらめます」と伝え、悔しくて残念無念の気持ちで松江から出雲への9号線を運転したことをよく覚えています。その後、突然、県庁から電話があり、認可しますとのことで、いったい何があったのだろうと思いました。今も分かりません。

厚労省（当時は厚生省）Y氏との出会い

当時の島根県の高齢者福祉課長は厚労省（厚生労働省。当時は厚生省）から出向されていたY氏でした。Y氏と私は特別に個人的に親しい関係ではありませんでしたが、Y氏が主宰する個人的研究会に開設当初の頃、講師として招いていただき、ことぶき園の目指すことをお話する機会がありました。

そして、１９９０年11月の県主催の在宅公開セミナーには、行政、社会福祉協議会、特別養護老人ホームの人々とともにパネラーの一人として発言させてもらいました。Ｙ氏もディスカッションに参加されました。県主催のセミナーに無認可のことぶき園が招かれたのは異例であったと思います。

このセミナーの報告書が半年後の１９９１年3月に県から発行されましたが、「在宅福祉サービス革新宣言にかえて」と題する冒頭の挨拶文面に私は感動を覚えました。一部を紹介します。

急速に進む高齢社会にあって、地域で高齢者やその家族が安心していきいきと豊かな実感を持って生活するために、地域福祉、在宅福祉が重要なことが強調されるようになってから久しくたちました。暮らし慣れた地域でなじんだヒトや使い続けてきたモノにかこまれて生きることは多くの人の望みです。そうした気持ちを援助するもののひとつとして在宅福祉サービスはあり、年ごとに施策が拡充されてまいりました。

一方で、〝在宅福祉が中心だなんてよくいうよ、給食週一、ふろは月一〟という川柳があるということですが、理念としては不可欠なサービスではあるものの、現実には希望どおりの供給ができませんから、早急に体制を整えなければなりません。

また一般に、公的機関が提供するサービスは、融通がきかない、手続きが面倒、しかも質的に十分でないともいわれ、いわば洗練されないサービスの代表格ともいえますので、その汚名を返上することが大切です。

ハンディキャップを持たれる高齢者とその家族が、地域という巨大なゆりかごの中で健康で充実した生活を送ることができるために、公的サービスはさらに万全でなければなりません。現状は残念ながら前に述べたとおりですが、社会的な期待に応えられるよう努力を続けていかなければなりません。

そして、この報告書には参加者からのアンケートが掲載されており、「ことぶき園のようなところにも行政の援助を」という多数の意見がありました。

この公開セミナーの半年後の1991年に先ほど述べた、全国初と考えられる県独自の事業「高齢者介護ホーム事業」が開始されたのはY氏の考えであったと思います。さらには、この事業を開始するために私に発言の機会を与えられたのではと考えました。Y氏の決断と実行に感謝しました。

また、1990年から3年間にわたり、日本生命財団から「老人の福祉と健康の増進を目的とした地域福祉のシステム化を図る先駆的事業」と名付けられた研究に指定され、取り組みました。研究助成金は1500万円であり、一部人件費にも使用できて、その面でも大変助かりました。

ことぶき園は「在宅要介護老人の援助システムの多様化に対応する施設推進事業―小規模多機能型老人ホームを実践して」と題する研究をおこない、1993年8月に東京の日生劇場で発表し、全国に発信することができました。

実はこの研究事業の指定にもY氏の応援があったことを後年知ることとなりました。

Y氏の後を継がれたK氏も良き理解者（1994年の島根県の新ゴールドプランに小規模多機能ホームの整備が示されました。国の制度化の12年前でした）でしたし、東京での新しい福祉のあり方を討議する会で知り合った別のK氏も、そしてN老人保健局長もことぶき園に来園されましたが、Y氏も含め厚労省の4人ともに共通していたことがありました。

みなさん物腰柔らかい人々でありましたが、私が一番驚いたのが、私のようなケアする側の話をまずは聞くのではなく、ホールなどにおられた利用者（ケアされる側）のところへ出かけて長時間話し込み、園内外の様子も丹念に見ておられました。まずは、ケアされる側の立場で現場の状況を把握されていたと思います。利用者も含めた現場を知ることによって物事を考え、国の施策を決定しようとする姿勢に強い共感と敬意の念を持ちました。

デイサービス制度の発展

ことぶき園では、事業委託されたデイサービスE型事業で、想定されていた平日の職員の日勤帯での利用だけでなく、利用者の要望に応じて時間を問わず、早朝から夕方遅くまでや土、日、祝日も実践していました。するとすぐに国はこうしたデイサービスに「時間延長加算」「ホリディ加算」を追加しました。ホリディ加算は年間で600万円であったと記憶しています。

現場の動きを知って、利用者のための政策にする厚労省の姿勢であったと思います。

県庁職員の突然の来園

この話はことぶき園をはじめてしばらくしてからでした。

今までお会いしたことのない県庁職員が突然の電話の後、来園されました。

それまで行政の方は県も市も来られていませんでしたので、何だろうと思いました。

会ってすぐに、「こんなこと聞いて申し訳ないですが、今、県庁内でことぶき園は○○

党から2000万円の資金が出て、勢力拡大のためにつくったと評判だけど、本当ですか」とのことでした。

私はびっくりしましたが、「そういうことは全くありません。2000万円の建設費は事実ですが、全て個人の借金です」と答えました。開設する前にその○○党と関係する老人ホームに勤務していたからかもしれないと思いました。その評判とか噂話が本当に県庁内であったのか、誰かの指示で来られたのか知る由もありませんし、その後の行政からの支援が進んだこととの関係も分かりません。いずれにせよ事実を確かめにわざわざ来園されたことに感謝しました。

それ以降の私自身の人生において噂話や他人の話をうのみにせず、必要があれば直接本人に事実を確かめるという方法を必ず実行するようになりました。

認知症グループホームの制度化と課題

認知症グループホームが制度化されたのは1997年です。

ことぶき園も当初から事業委託されました。全国で25か所でした。

これに遡る1995年～1996年にかけて厚労省は全国社会福祉協議会に委託した形

で「痴呆性老人のためのグループホームの運営に関する調査研究委員会」として、制度化に向けての審議会を実施しました。

委員会構成は、白梅学園短期大学学長である委員長を含めて9名の委員でした。学者・研究者、医師、マスコミ他に加え、特別養護老人ホームから1名、グループホーム実践者1名であり、私でした。

2年間の審議会では、制度化に強く反対する意見もありましたが、結果として制度化が実現しました。厚労省自身がとても前向きであったことが大きかったと思います。

1997年3月に報告書が出されましたが、その中で私が記述した「痴呆対応型老人共同生活援助事業に向けての事前検証と考察」の一部を、少し長くなりますが引用します。

さて、「調査研究委員会」委員として、感じてきたことをいくつか列記してみたい。グループホームに関して、今後いくつかの議論すべき点があるように思う。

一つは、グループホームを通過ホームとして考えるのか、終《つい》の住み処《か》として考えるのかという点、二つは、治療主体として考えるのか、生活主体として考えるのかという点、三つは、痴呆症の人々のみを対象とするのか、もっと幅広くとらえるのかという点、四つに、地域密着型として考えるのか、あえてそれは重要視しないのか、五つに、入所者のみのケア施設として考えるのか、デイサービスなども含む多機能施設として考えるのか、といった点であると思う。今後の推移の中で検討すべきことも多いのだが、現時点における私の考え方を述べたい。

第一の点については、私は、今後の展開のなかで、より多くが終の住み処となるのではないかと考えている。これは私自身グループホームの10年間の実践舞台である「ことぶき園」において、長い人はすでに10年の入所期間であり、平均でも7～8年位である。当初は、歩行可能で徘徊もあり、日常生活は、一応自立した人たちで、今言われるところの中程度の人々と言える。しかし、現在では、1名を除いて車いす生活者であり、いわば身体面で重度化してきている。

しかし、痴呆が発症してから10年以上経過し、ＡＤＬ（日常生活動作）が低下しても少人数のゆったりした生活は、その人にとって、とても心地よい環境であることを日々の暮らしの中で感じている。流れ作業ではない、一人ひとりの個性を尊重したケアは、少人数のグループホームケアの中でこそ実現できると確信できる。

もう、ほとんど何も分からないのではと思っていた人が、しかし、心の中で堂々と自己主張している姿を日々の暮らしの中でたくさん発見できるグループホームケアの真髄は、車いす生活者になったから、痴呆が重度となったから大規模ホームへ行くべきだという考え方に同意できない理由となっている。無論、医療的ケアが常時必要となれば別だが。

第二の点であるが、私は原則として、生活主体と考えている。なぜ、生活主体として考えているのか。それは、〝生活の中でこそ、人間は人間らしい暮らしや尊厳が守られる〟と考えるし、また、自己実現を図れる場として存在すると考える。こうした取り組みこそが、痴呆症といわれる人々にとって安心と納得の生活の場として、その症状の改善や、痴呆を持ちながらも、心安らぐ生活をつくってきていると思う。

そうした暮らしのダイナミズムが痴呆症の人々に最も適したケアと私は考えるのである。もちろん、医療の適切な支援は必要であることを前提としている。

第三の点であるが、当初の出発は、痴呆症の方のためのグループホームとして存在することを否定しないが、グループホームを小集団の生活の場と考えるならば、一人暮らしの高齢の人々や、身体障がいの高齢の人々にも、たいへん大切な〝生活の場〟

であると私は考えている。種々な人々に適したグループホームが多様に存在しても良いのではと思っている。

第四の点については、私はぜひとも地域密着型であって欲しいと思っている。人里離れた大規模施設に併設するのは反対である。住み慣れた地域の中で暮らし続ける権利が人間にはあると思うからである。

また、地域密着の中でこそ、地域の人々や、ボランティア、家族や知人との自然な交流がいつまでも継続されるのである。

人里離れたところでのグループホーム、あるいはグループホームケアは、〝普通の暮らし〟の実現とは言い難いものと思う。

第五の点については、私はぜひとも多機能型として実施すべきと思っている。具体的には、小規模デイサービスを併設し、地域の中で多様なニーズに一体化して対応すべきと考える。小学校区あるいは公民館単位に設置し、さらに24時間ホームヘルプ事業もあわせておこなうべきと考える。

結果として、私の意見が全ては通らなかったし、それは当然のことですが、ことぶき園が主張し続けてきた小規模多機能のケアの中の小規模デイサービスに加え、小規模入所事業が制度化された意義は大きいものでした。

制度化から26年、認知症グループホームは現在全国で1万4000か所を超え、定員も約25万人となり、地域になくてはならない存在となっています。

重要な課題として、特別養護老人ホームなどにある「利用者負担軽減事業」が実現していないことです。

国は2012年度に「地域支援事業」で自治体の判断で認知症グループホームにも利用者負担軽減事業が可能との制度改正をおこないました（民主党政権時）。

当初、出雲市と交渉しましたが、地域支援事業の枠内でそのようなお金はないし、できないとのことでした。しかし、出雲市の認知症グループホーム連絡会の職員たちが出雲市議会にわずか1か月以内の間に1万466名の制度実現を求める署名を集めて請願した結果、9月議会で採択され、金額は特別養護老人ホームなどより低額ですが、2013年度から実施されました。

そして、県内各地でも実施されました。この活動には私も参加する「しまね小規模ケア連絡会」の仲間たちの県内各地での奮闘がありました。雲南市では役員の森山史朗さんたちが行政に働きかけ、大田市では同じく役員の山室まことさんや藤原伸二さんたちも加わり、3758名の署名活動がなされました。利用者の権利獲得を求めて福祉職員が行動して実現する例となりました。

今後は、特別養護老人ホームなどと同じ制度が求められると思います。

小規模多機能の制度化と課題

認知症グループホーム制度化の9年後の2006年から小規模多機能型居宅介護事業も制度化されました。

2002年に厚労省において、この小規模多機能の制度化に向けた審議会がはじまりました。第一回審議会に私も参加しました。

厚労省から示された制度案ですが、当時は登録定員25名まで、利用は1日当たり宿泊9名まで、デイサービス15名まで、ホームヘルプは1名の職員配置でした。私は、長期入所がないこと、1日当たりの定員に制限があること、ホームヘルプも日勤帯しか配置できないこと、など現場で発生する多様なニーズに十分対応しきれないのではとの課題があると思いました。

会議の後、個別にこの案の修正はできないだろうかと厚労省の方に意見しましたが、基本この方向でいくということでした。

残念なことに、この頃私は体調を崩しはじめており、東京に通うこともできなくなり、その後の審議会には参加できず、委員も辞退しました。ですからその後の審議の内容は分かりません。

制度ができて、ことぶき福祉会も事業を開始しましたが、基本的な部分は当初示されたとおりでした。せっかく短期入所、デイサービス、ホームヘルプが一体化された制度なのに希望があっても1日当たりの定員などにより、応えられません。ホームヘルプも登録者の要望に添えないことから、何度か当時の出雲市健康福祉部高齢者福祉課に柔軟な対応を求めましたが叶わず、当福祉会としては廃止しました。

私の希望する小規模多機能は小学校区または公民館単位に建設され、長期、短期入所、時間を問わないデイサービス、配食サービス、そしてホームヘルプなどの多様なケアがいつでも安心して受けられることです。そして、住み慣れた地域で最後まで暮らせることです。これは、本来行政が責任をもって建設するべきと思います。当然、運営も、心配のないよう十分な報酬が保障されることです。

2018年に私も所属する「しまね小規模連絡会」役員の宇山広さんが島根県内の小規

模多機能の全ての施設へのアンケート調査を実施されました（回収率約50％）。デイサービスのみの実施が25％、デイサービスと宿泊のみの実施が27％、デイサービスとホームヘルプのみの実施が23％、ホームヘルプのみの実施が5％、宿泊のみの実施が4％でした。すなわち、小規模多機能が本来あるべき3つのサービスを実施しているのはわずか15％でした（1％は不明）。

すでに破綻していると思います。宇山さんに最近の様子を聞いたところ、彼の知るうえで、「職員不足で宿泊を止めたところがかなり出ている。経営的には要介護3以上の人をほぼ定員分確保しないときびしい。要支援や介護度の低い人も大切なのに」と語っていました。

制度の抜本的見直しが望まれていると思います。

3章

「小地域相互ケアホーム」ことぶきの里の開設と実践

開設するまで

２０１７年４月、社会福祉法人ことぶき福祉会は小地域相互ケアホームことぶきの里を開設しました。構想から６年かかりました。

２０１１年５月に構想内容を法人内に提起しました。次のとおりです。

仮称「世代間交流ハウス」について

２０１１年５月

１９４７年５月３日の施行による日本国憲法によって、日本は国民主権・平和主義・基本的人権の尊重に基づいて統治される本来の立憲主義の国となりました。

長い歴史の中で国民が勝ち取った誰もが平和で平等に生きる権利を保障するとともに、これは「国民の不断の努力によって、保持しなければならない」とも規定しました。

高齢者福祉（老人福祉）においては、日本国憲法第25条の生存権を保障するものとして、１９５０年に「生活保護法」が制定され、「養老施設」が公的責任として制度化されました。

1963年に老人福祉法が制定され、特別養護老人ホーム・養護老人ホーム・軽費老人ホーム・有料老人ホームとして、心身・経済事業に基づく「分類入所システム」が採用され、基本的に今日においても踏襲されています。

そして、1980年代後半から1990年代におけるケアの質的変換を求める実践者の活動もあり、いわゆる「地域密着事業」も追加されてきました。

これまでの大規模入所システムから地域の中での小規模入所システムが公的サービスに組み入れられることになり、また在宅ケアについてもデイサービス・ショートステイ・ホームヘルプサービスの在宅福祉3本柱も推進されてきました。

2000年施行の「公的介護保険制度」は、「社会的介護」「選べる福祉」とともに、市場原理も導入され、高齢者福祉は変容してきています。

高齢者福祉の原理・原則は本来生活上困難を抱えた人にその状況に応じ適切な応能負担によってその生活が不安なく確立されることにあると思います。

こうした現状認識のなか、新機軸の福祉形態を国民の側からつくっていく必要性があるとの考えのもと、この度下記の構想を実践しようと思います。

記

①分類入所から総合入所システムへの転換（障がいの状況を問わない入居システム）
②相互扶助に基づく地域づくり（交流ハウス他）
③これまでの共同生活的福祉から徹底してプライバシーを守るための戸建て福祉づくり
④外部・内部の公的福祉サービスの活用
⑤住民自治に基づく地域づくり
⑥これまでの施設福祉・在宅福祉を統合した福祉の実践
⑦生産活動の展開（生きがい・労働・役割）

以上を踏まえ、９００坪の土地に10軒の家（平均20坪程度）と交流ハウスを建設し、お互いに支え合うことを前提とした新しい形の福祉実践をモデル的に実現したいと思います。

いずれこれらが新展開の公的制度の一つとなり、全国的に波及されることを目指して取り組みたいと考えます。

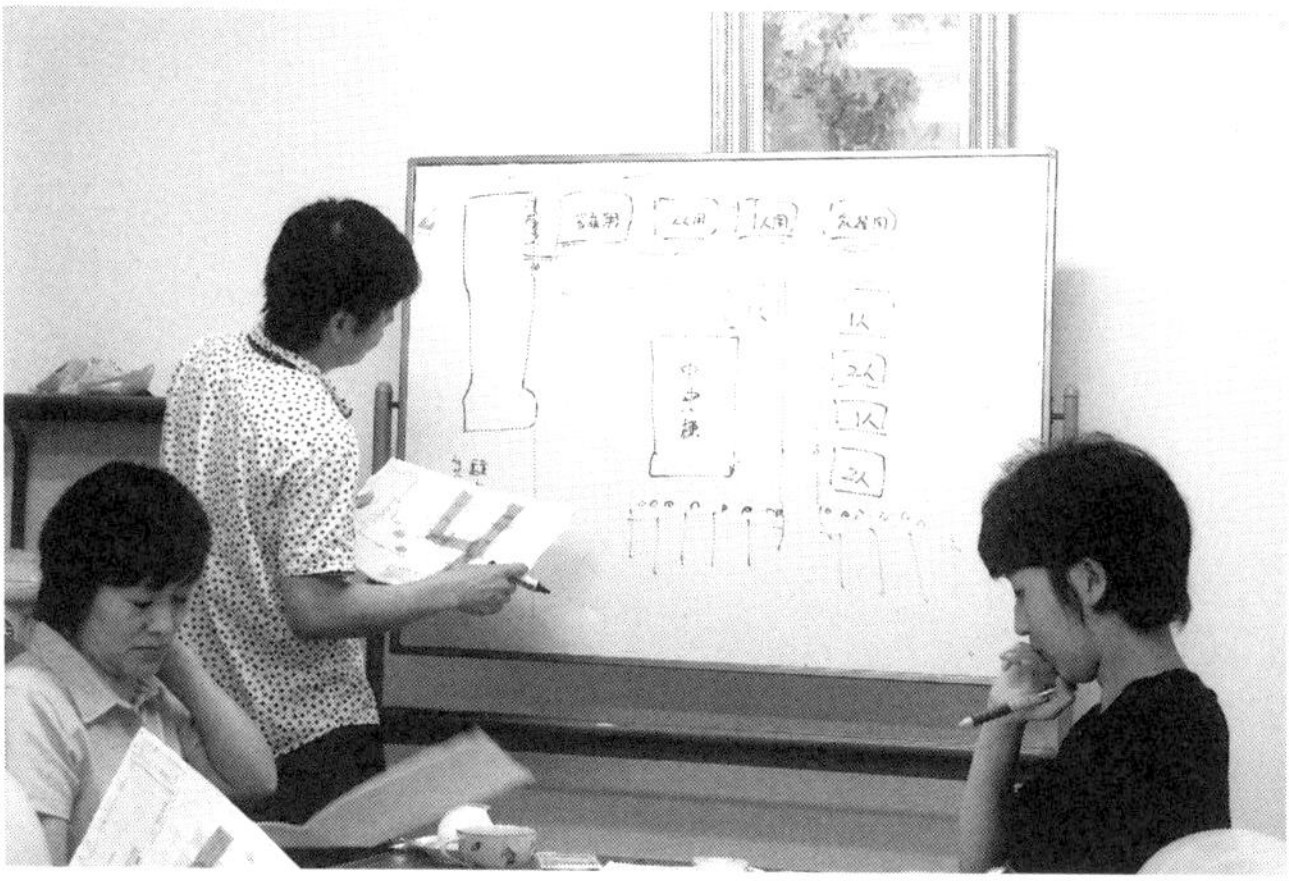

建設プロジェクト会議の様子（2014年9月4日）

建設プロジェクト会議の様子（2015年4月13日）

建設プロジェクトチーム

提起してから3年後、出雲市古志町にある笑庵ことぶき（認知症グループホームとデイサービス）の隣地に900坪の土地が確保されたので、2014年9月から7か月間、毎月、「建設プロジェクトチーム」（法人各事業所から希望者を募った9名）の会議を夜に開催しました。たくさんの意見が出ました。建設趣旨の確認やどのような建物を建てるか、細部にわたって設計士さんもまじえて検討しました。

その結果、次のような具体的な構想が2015年3月にまとまり、名称も「小地域相互ケアホームことぶきの里」と決定しました。なお、当初は小地域総合ケアホームとしていましたが、当法人事務長と根を詰めた検討の結果、小地域相互ケアホームとなりました。ことぶきの里の「里」は長年地元の古志地区で地域活動実践者でありプロジェクトチームのメンバーである山根里司さんの里をもらいました。まさに「ふる里」です。

「小地域相互ケアホームことぶきの里」構想について

2015年3月

1　これまでの福祉施設の集団的生活から戸建てによる個人のプライバシーを守る暮らしを実現します。

1～2人用が5軒、2～3人用が2軒、家族またはシェアハウス用が2軒と交流ハウスです。

2　障がいの有無、要介護度などを入居条件とせず、多様な形の住まいをつくります。

これまでの介護の為に離れて暮らさなければならなかった方も一緒に暮らすことができます。

3　入居者は高齢者を中心としつつも限定せず、老若男女が相互に協力し、助け合います。緊急通報装置を住民相互・交流ハウス・隣接する当法人施設に設置し、24時間体制で暮らしを守ります。

4　交流ハウスには昼間は職員が常駐し、各種の相談・援助活動をおこないます。

また、定期的に、ホーム内の住民同士や地域の人々との交流事業をおこないます（会議・喫茶店・居酒屋他）。同時に畑づくり、作品づくり、食事づくりなどができる場を提供します。近い将来、学童保育なども計画します。

5　必要な方には、介護保険サービスであるホームヘルプ・デイサービス・ショートステイおよび自主的な食事サービスなどの利用ができます。

6　家賃は1～2人用1LDK（13坪）が月額5万5000円、2～3人用2LDK（18坪）が月額6万5000円、家族またはシェアハウス用3LDK（30坪）が月額7万5000円とし、収入に応じた減免制度も検討します。

7　医療・保健との協力関係をつくり、安心して最期まで暮らせるようにします。

8　これらを通して、誰もが安心して暮らせる地域社会、地域福祉の実現をめざし、「小地域相互ケアホーム」が今後の福祉サービス事業の選択肢の一つとして新たに公的福祉サービスとなるよう努力します。

建設の着手と完成まで

同年（2015年）、理事会の建設承認を得て、5月9日には、近隣の方々への説明会を開催し、了解いただきました。その後、土地を購入し埋立てをおこないました。同時に国土交通省の「平成27年度スマートウェルネス住宅等推進モデル事業」に応募したところ、同年10月9日付で選定されました。補助対象額は2500万円でした。

それまでは全国に例がないということで出雲市からは、社会福祉法人の収益事業としかならないと言われていましたが、国のモデル事業になったことが影響したのか、公益事業

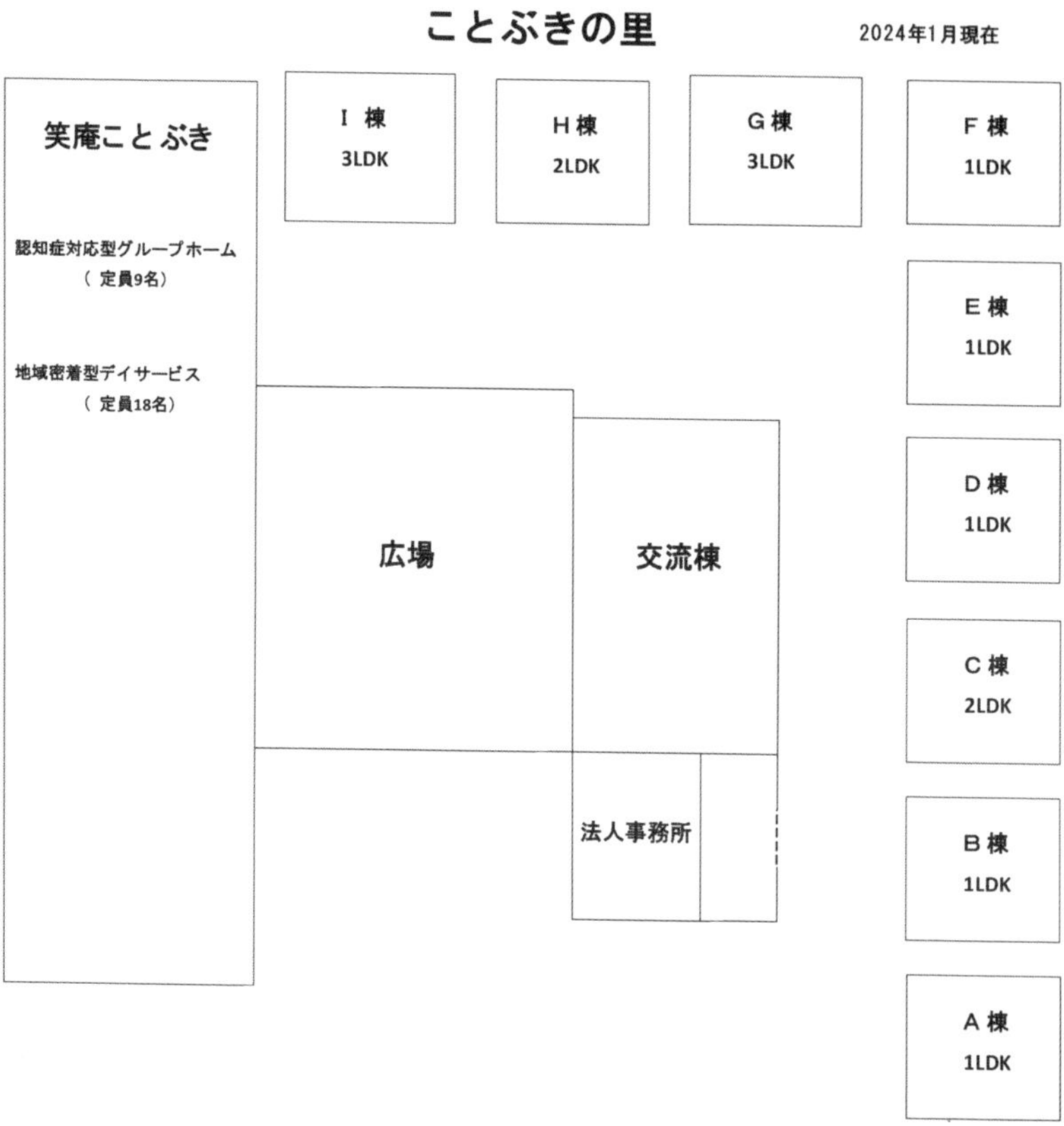
ことぶきの里
2024年1月現在
笑庵ことぶき
認知症対応型グループホーム
（ 定員9名）
地域密着型デイサービス
（ 定員18名）
I 棟
3LDK
H 棟
2LDK
G 棟
3LDK
F 棟
1LDK
E 棟
1LDK
D 棟
1LDK
C 棟
2LDK
B 棟
1LDK
A 棟
1LDK
広場
交流棟
法人事務所

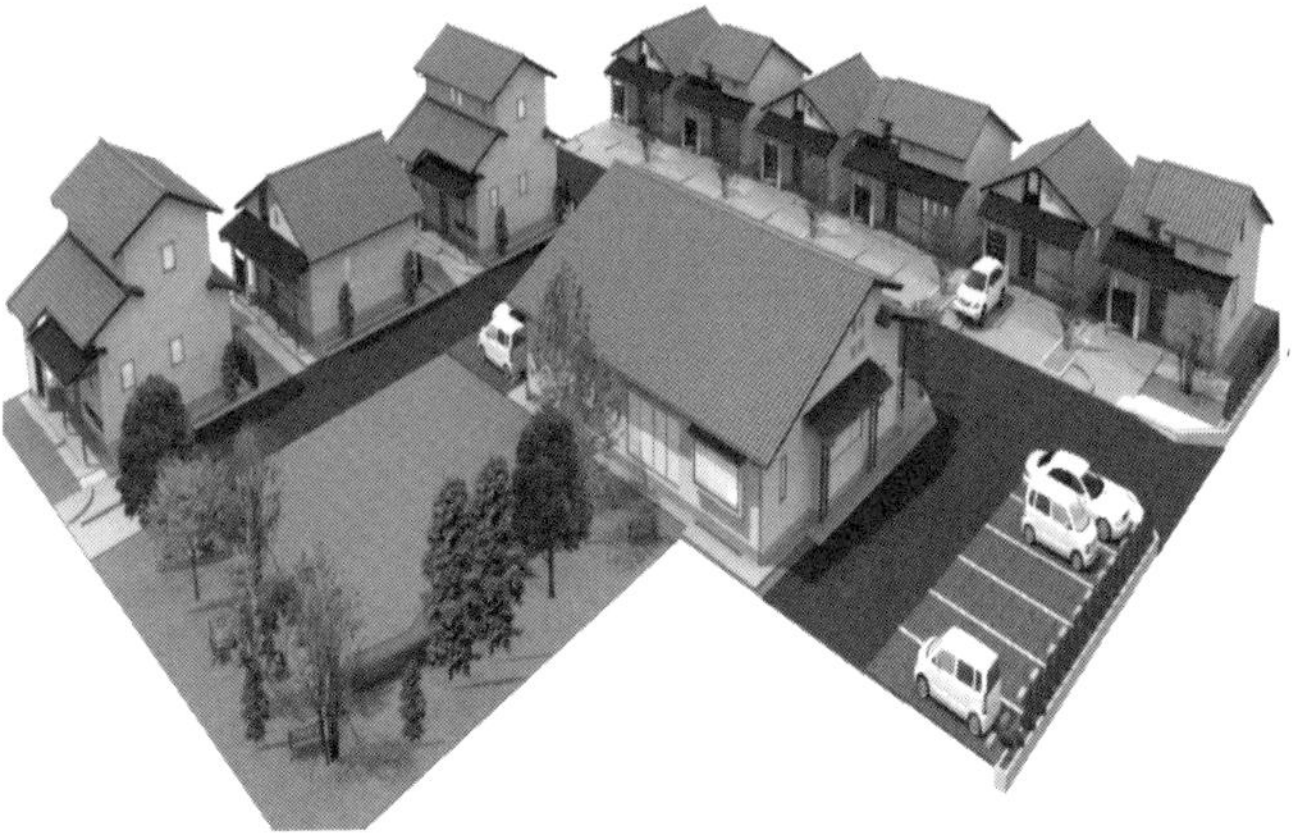

完成模型図

ことぶきの里

として認められました（国交省の補助金は諸々の事情から途中で辞退しました）。

なお、このホーム建設にあたり、県内を中心として全国の２２２名の方から６２０万６０００円もの〝寄付金〟をいただきました。このお金は緊急通報の設置費用と広場の整備に使用しました。交流棟の和室に寄付者一覧を掲示しています。

２０１６年の夏から建設をはじめ、２０１７年２月に完成しました。４月１日より入居を開始しました。

入居住民について

入居の条件はことぶきの里の趣旨をご理解いただいた方ということで、入居前に面会しましたが、続々と入居されました。

当初の入居者は、A棟男性73歳、B棟女性95歳（要介護５）、C棟男性89歳（要介護２）、D棟男性53歳と女性46歳の夫婦、E棟女性86歳（要介護３）、F棟男性35歳、G棟男性29歳と女性29歳の夫婦、とその母親56歳（要支援）、H棟女性48歳と娘20歳（要支援）、I棟男性36歳と女性33歳の夫婦と息子３歳で、３歳から95歳の16名でした。

納涼会

おでん夕食会

ことぶきの里の皆さん

ことぶきの里に赤ちゃん誕生

出雲地域の方が中心でしたが、E棟の方は富山県高岡市から引っ越しされてきました。出雲に嫁いだ娘さんを頼っての入居でした。余談ですが、たまたま私の亡き妻と同郷でしたので「ます寿し」をネットで購入し、懐かしんで食べたり、ホタルイカや氷見のブリなどの話をしました。

入居住民の暮らし

日常的にも広場や隣近所で会話をしたり、互いの家訪問もしておられますし、何より家族や友人知人の方がよく来られます。いわゆる施設のように玄関という「関所」もなく、それぞれの普通の家を訪ねるということです。

「集まり」を時々しています。写真で紹介します。

こうしたなかで、以下のことが私は重要だと考えました。

「集団的施設ケア」は、どうしても職員の親切心などがあり、何かあるとすぐに本人ができることでも手伝ってしまう、手を出してしまうことになりやすいのですが、家だと基本的には自分で行動します。いわゆる、「高齢者福祉三原則」（生活の継続性、自己決定、役割の発揮）が大切だと思いました。人間はできないことは堂々とケアしてもらうことが大事ですが、ケアの在り方として安易に本人の能力を奪わないよう気を付けるべきと思いました。

緊急通報

緊急通報装置は、困った時に押す「相談」と、緊急事態発生時の「緊急」の2種類があり、「相談」は、昼は交流棟にある法人事務局、夜と土日祝は隣の笑庵ことぶき（24時間職員在中）が対応します。「緊急」は全ての棟や法人事務局、笑庵ことぶきに鳴り、皆が駆けつけます。「○棟で緊急事態です」と大きな声がします。これまでに年に十数回通報があり、助け起こしたり、救急車を呼んだことがあります。何かあった時には近くの人がすぐに駆けつけてくれる安心感が大切と思います。

在宅福祉サービスの利用

要支援、要介護の方はほぼ全員がホームヘルプ、デイサービス、配食サービスを利用されています。当法人の事業所を利用しても、他法人の事業所を利用されても自由にしています。

ですから、様々な事業所のホームヘルパー車やデイサービス送迎車が出入りしている日々です。

配食サービスの必要な方は、隣の笑庵ことぶきの手づくりの弁当を届けています。今は1食500円です。

家賃軽減事業

2020年4月より法人独自の家賃軽減事業を開始しました。年金など所得の少ない方に家賃を安くして、少しでも安心して暮らしてもらうことを目的としています。

軽減額は、①本人および世帯全員が住民税非課税で老齢福祉年金受給者は月1万2000円、②住民税非課税で合計収入が80万以下の人は月1万円、住民税非課税で80万円以上の人は月8000円です。また、預貯金が500万円以下の方としました。

当初3名の方が対象でしたが、現在は2名の方となっています。この軽減事業は法人独自での限界でもあります。本来なら、収入や資産の状況を踏まえて国の住宅補助事業となり、誰でも安心して入居できて、さらに、光熱水費などの減免が可能となればと思います。

交流棟の利用について

交流棟は建坪70坪でその内、相談、緊急時対応者のいる法人事務所が約20坪であり、50坪にはホール、和室（宿泊可）、広めの台所、シャワー室、トイレ（身障者用含）があり、ホールは椅子だけで50名の会合もできます。

この6年間で里内の会合だけでなく、福祉関係者や地域の人たちの学習会、子どもたちのサークル合宿、趣味の会（生花など）、コンサート、周囲の自治会会合、歌声サークルなどがおこなわれています。里住民が関係する会は無料、地域の人は1時間２００円としています。

飲食も自由で、冷蔵庫、電子レンジ、食器、鍋など揃えてあります。

予約は電話一本で空きがあれば、誰でも利用できます。

交流棟の隣には広場があり、里内や近所の子どもたちがバスケットやサッカー、鉄棒、砂遊びをしています。併設の笑庵ことぶきの利用者の楽しみともなっています。「子どもを見るだけで元気になるわ」との声を聞いています。

ことぶきの里交流棟

交流棟ホール

今年から古志地区の子ども食堂も予定されています。

地域、行政、福祉関係者、マスコミの理解

小地域相互ケアホームことぶきの里が、開設前の2015年3月27日付の地元紙の山陰中央新報に「介護必要な人と家族生活─新形態の施設開設へ」と題して掲載されました。直後に厚労省の内閣官房審議官のK氏から「お久しぶりです。また新しいことをされますね」との電話がありました。K氏は、前述した、ことぶき園開設時に支援していただいた厚労省から出向されていた人です。

ちょうど、国交省にモデル事業を申請中であったことから、霞が関に伺い、構想の具体的内容や国交省のモデル事業の件も話しました。しばらくして、国交省のモデル事業に選定されましたので、何らかの応援があったのかもしれません。私のこれまでの経験では、優れた人は「自分がしておいた」とは決して言わない人たちです。

また、この新聞を見た県内地域の人や福祉関係者（特に、しまね小規模ケアア連絡会の仲間たち）からたくさんの問い合わせや激励の言葉をもらいました。内覧会には200名を超える人々が来られました。

新聞の影響力の大きさを再認識しました。

開設してからは、様々な視察がありますが、特に、島根県健康福祉部のS氏、Y氏には関心を寄せていただき、この6年間でその二人の紹介で厚労省副大臣、政務官、厚労省・国交省の担当者や県健康福祉部長や議会・福祉関係者などの来訪がありました。そうしたこともあり、2019年3月には広島市で開催された「平成30年度厚生労働省老人保健健康増進等事業」報告会に報告者の一人としてことぶきの里についてお話ししました。

私たちが望む制度化（建設費補助と入居者への住宅費などの支援）をお願いしました。

コロナ禍で思ったこと

2020年1月からの新型コロナ禍で思ったことがあります。

一つは、当福祉会の運営する認知症グループホーム2か所では、家族の面会を制限せざるを得なく、入所者にとってさびしい思いがあったかと思いますが、「ことぶきの里」は、それぞれの家族の考え方でそうした制限をする必要はありませんでした。

二つに、認知症グループホームとデイサービスの2か所で集団感染が発生しました。ことぶきの里では、個別には感染された方もありましたが、集団感染をすることはありませんでした。プライバシーを守って戸建てにした意義がこの面でも表れました。

三つに、里内の「集まり」が全て中断せざるを得ませんでしたが、個別の近所付き合いは感染に注意しながら続いていました。

住民の入れ替わり

この6年間で住民の入れ替わりが9棟中7棟あり、若い世代は、自分の家を建てたり、遠方への転勤などでの退去がありました。

また、高齢者では病気、老衰での死亡や要介護状態や認知症の進行による退去がありました。ことぶきの里の不十分さと限界です。常時の見守りと介助が必要となれば特別養護老人ホームや認知症グループホームなどの入居施設の重要性を再認識しました。自宅での一人暮らしや二人暮らしの場合との相違点としては、在宅ケアサービスがすぐ近くに揃っていることで施設入所をギリギリまで遅らせる役割を果たしているのではと思います。

7年目を迎えた現在の住民は1歳から91歳までの合計16名の方々です。年齢層や人数はほぼ開設当初と同じです。

これからも当初かかげた〝障がいがあろうがなかろうが、皆が優しく、助け合い、安心感のある、個々の生きがいを尊重した地域づくり〟のために努力したいと思います。憲法25条の具現化を求めて実践していきます。

4章

高齢者福祉への提言

平和であってこそ

私の父は1922年（大正11年）生まれで、中国の満州で従軍しました。左足の太ももに大きな銃弾の跡が残っていましたし、左耳は上官に殴られたため、難聴でした。

父はその時代のことを多くは語りませんでしたが、中国の人々にひどいことをしたと言っていました。

それから約80年、今もこの瞬間も世界各地で戦争が続いています。核兵器を含めた軍事力は増大する一方です。戦争放棄を誓った日本も数年後には軍事力世界3位の国になろうとしています。罪なき人々をほんの一部の悪の権力者たちの思惑によって殺傷してはなりません。

社会福祉は、平和な社会であってこそ存在します。世界中の指導者たちは平和のための行動を無条件にすべきと考えるのは、理想主義でしょうか。

一方的に相手が悪いとする考え方（これは日常生活にもありますが）から、直接会って相手を理解しようとする能力を持つこと、それで駄目でも非暴力（言葉も武器も）で問題解決できる人間の英知を私は信じたいと思います。

何より富を公平に分配する術を人間の歴史は学んできたと思います。「今だけ、金だけ、自分だけ」の根底にあるものを問うべきです。

高齢者福祉の仕事

私は名古屋の日本福祉大学を卒業しました。

中学、高校と正解の点数を競う受験勉強の意味が分からず、何のために学ぶのか、何のための人生か未確定で心はさまよっていました。

浪人という言い訳で京都に1年間住みました。

そこである本に出会いました。『現代の知識人』（青木書店）という本で著者は日本福祉大学の哲学の教授でした。そこには「学問とは国民の幸福に奉仕するためにある」とあり、個人の立身出世や名誉、地位、お金のための人生ではないと知りました。

また、その人生のための条件として「専門性と組織性と政治性」が必要とありました。

この先生のいる大学に入りたいと思い、入学しました。

幸い授業料が当時全国の私立大学で最も安かったので、両親に納得してもらいました。

私はとても貧乏学生でしたので学生寮で4年間過ごしました。月額2500円でした。

寮生活の中での学年を超えた人生の語り合い、寮自治会での組織の在り方や政治の大切さについても学びました。

残念ながら元々社会福祉に関心があった訳でもなく、また、当時のコロニー的福祉のあり方に、直感的に疑問を感じていたこともあり、福祉の専門的な勉強は全く不十分でした。ですから、社会福祉にかかわる仕事をしようとは夢にも考えず卒業したところ、就職難のおり、縁あって特別養護老人ホームに就職しました。そこから社会福祉、高齢者福祉の勉強をはじめたのが実情です。

幸運にも上司や共に働く仲間に恵まれて、必死で関係する本を読み漁り、仲間と議論しました。入所者からたくさん話を聞きました。

福祉の仕事は奥が深く、常に未完成で固定化された正解はなく、その時々の正しいと思われる判断を柔軟性を持って実行していく仕事であり、マニュアルどおりの行動をすればよいものではありません。

福祉の仕事の基本はやはり憲法25条「すべて国民は健康で文化的な最低限度の生活を営む権利を有する」の実現です。だからこそ、高齢者福祉の分野では、憲法、老人福祉法の理解と社会福祉の歴史を知ること、現在の制度はどのように形成されてきたのか。現実の高齢者の暮らしと比べ、その制度、政策などに問題はないのか、あるとしたらどう改善すべきか。また、高齢者の心理学、介護の技術等々、多様な学びが必要と思います。日々、終わりのない学びです。その学びを日々の実践に生かしていかなければなりません。私自身は最低限、ケースワークの7原則、マズローの5段階発達層説、高齢者福祉3原則に照らして実践しています。何より人間の尊厳を守った関わりが問われる仕事と思います。

勤めはじめて2年目だったと思いますが、島根県老人福祉施設協議会の研修会に当時、東京都老人総合研究所の小笠原祐次先生が来県され、高齢者福祉の職員に必要なのは「知識と技術と倫理」だと教えられました。小笠原先生にはその後、県内で開催した自主的学習会に何度も来てもらい、「老人福祉学」を学びました。そもそもの「小規模ケア」の考え方は小笠原先生からのご教授でした。

「学ばない職員は害悪とも言える」と福祉職員の奮起を促されたのは、元佛教大学教授で松山市の社会福祉法人「ともの家」の理事長であった故・永和良之助先生です。先生は私より4歳年上で、また3歳年上で今は滋賀県で働く先駆的福祉実践者の高井時男氏と私も含め「福祉三兄弟」と語ってくれていました。3人は1996年発行の『私たちが考える老人ホーム』（中央法規出版）の共著者として出会いました。

問題はどのような形で福祉の仕事に就こうとも、就職して対価をもらうならば、真剣に学び続け、何者も恐れず、果敢に提言と実践をおこなうことと思います。

公的介護保険制度について

２０００年４月から施行された公的介護保険制度は、高齢者福祉を大きく変容させました。

「介護の社会化」をかかげ、時代の要請もあり、その量的整備を拡大してきました。「介護の社会化」はそれまでの税方式でも可能であった、と私は思いますが、あえて保険方式にしたのは、国、県、市の負担、すなわち税金投入を半分にするためであったと思います。世界の国々はほとんどが税方式です。

この保険方式で新たに生まれたのが、要介護認定、区分支給限度額、ケアマネージャー、応益負担、介護事業者の自由化（収益事業者の参加）などです。

まず、要介護状態を調査する一次判定調査員が私共の施設にもよく来られますが、受け答え一つでいかに変わるものか実感しています。本人の日常の生活状態を知らない人、また一人で来られることからの結果と思います。

二次判定も本人を知らない人々によって決定される仕組みです。

その認定によって区分支給限度額が決定されます。そもそも限度額制度が必要なのか、疑問に思います。医療には限度額がありません。人によってその状態は日々変化しますし、住んでいる場所、環境、家族によってその生活困難度は違いがあります。なお、日本で支給限度額のない長野県泰阜村を前著『誰もが幸せな高齢社会を求めて』（あけび書房）で紹介しています。

この限度額に基づいて、ケアマネージャーがケアプランを作成します。ずっと家で暮らしたいと思っても、この限度額制度により、在宅での生活ができなくなり、施設入所となるケースもたくさんみてきました。上乗せ横出しサービスもありますが、全額本人負担となるからです。

介護保険制度によって、最低でも利用料の1割負担（2～3割の方もあり）となりました。介護保険制度前までは例えばデイサービスは1日の利用時間にかかわらず、昼食代の500円（当福祉会）だけで、他の法人も同様でしたし、ホームヘルプも一部の方を除いて無料でした。

社会福祉の原理原則は「必要な人に必要に応じていつでもどこでもケアを行き届かせる」ことであり、金銭の有無によって利用制限があってはならないと思います。それがあれば、「どのような障がいを持とうとも、自らの生きる場所を自ら決定でき、人間としての尊厳が守られ、自由を享受できる」ことが実現できると思います。

さらに、介護事業はこれまで基本的には、公立か社会福祉法人立、NPO法人立しか認められませんでしたが、営利法人でも可能となりました。事業者のハードルが低くなったことにより、良い面、悪い面の両方があります。

心ある良心的な人が事業をやりやすくなり、広く福祉を受けられる環境ができたことは良い面ですが、いわゆる経営者の利益第一主義、社会福祉の理念を逸脱している人々も参入してきました。公のお金で運営されているとの自覚がない人も現れています。その中には、個人的に行く居酒屋やスナックなどで法人の領収書をもらう人（これについて以前、出雲市の当時の健康福祉部長に伝えましたが、介護保険は営利法人も認めており、やむを得ないとのことでした）や法人の経費で家族用の食材を買う経営者もいたり（その方は介護保険はいいわ〜と言っていた）、貴重な税金や保険料の使い方に大きな問題があると思っています。一般企業とは違うのだとの認識不足であり、改善されるべきと考えます。

以上のことから6点提言します。

① 介護認定、区分支給限度額制度を止めること。
② 民間事業所にまかせる今のケアマネージャー制度を改めて、市町村職員として公平・中立の立場で、必要な人に必要なケアを即日でも提供できる体制をつくること。

③在宅利用料負担は原則として、無料にし、特別に収入、資産が高い人は適切な負担をする仕組みをつくること。施設入所については、医療費や文化的くらしができるための現金を確保する以外は応能負担とする制度にすること。

④ホームヘルプ制度は、地域で暮らす人々にとっての命綱です。訪問の移動時間も含む制度とすべきです。

⑤事業開設者は福祉事業を運営する能力を有する者として、適正な開設者試験合格者とすること、そして途中で不適格なケアや運営が認められたら、事業者を変更できるようにすること。

⑥本人や家族が望んで介護している場合、家族介護手当金制度をつくること。

日本では、毎年介護のための離職者が10万人以上発生しています。この人々のためにも離職回避のための在宅福祉の充実とともに家族介護手当金がきちんと保障されるべきです。家族に世話してもらいたい、父や母の世話をしたいと考える人も多いと思います。

例えば、同じ介護保険制度のドイツでは、在宅介護サービス（利用料は無料）を受けつつ家族介護手当金が生活に困らないよう現金で支払われています。

税方式のスウェーデンでは、家族ヘルパー制度があり、家族がホームヘルパーとして認められ、賃金も支払われるとともに休日も研修も保障され、定期的なケア診断もされています。

人材不足について

とりわけ介護保険制度が始まって以来、福祉介護人材の不足が言われ続けていますが、これが年々さらに厳しい状況となっています。

島根県の資料によると２０２０年から２０２２年の3年間で、県内で１９４か所の事業所の休廃止があり、１週間に１か所以上となります。ちなみに、訪問系は37か所、通所系は51か所、小規模多機能は18か所です。驚きの数字です。私の見聞する限り、ほぼ人材不足のためです。

人材不足の原因は多々あると思います。生産年齢人口の減少、増加する一方の要介護高齢者数に対する介護人材の育成ができていないこと。そもそも、介護報酬を低く設定し続けていること、交付金制度による税負担もほぼしないこと、そして社会福祉労働の公的性格にふさわしい労働条件などを国が破壊してきたこと、それによる例えば介護福祉士養成専門学校の倒産、減少が島根でも相次いでいます。たとえ人の役にたちたいと希望して入職しても低賃金による転職などが考えられます。

いくら福祉の仕事に魅力と誇りを感じていても、人間は生活していかねばなりません。福祉介護職員の賃金は一般産業労働者より月平均7～8万円低くなっています。島根県の介護職員の平均年収は約302万円（男性約339万円、女性約284万円）です（厚労省「令和3年賃金構造基本統計調査」）。なお、同調査での全国平均は約353万円（男性約379万円、女性約338万円）です。

歴代首相も、福祉介護労働者の賃金は「公定価格だ」と言っています。であるならばすぐにでも、せめて月額10万円アップを政治責任で実行すべきではないでしょうか。

社会福祉労働は税金や保険料負担でおこなわれる公務的労働です。公務員の給与と同じにすべきです。そのためには月額20万円以上のアップが求められると思います。

1973年、田中角栄内閣は「教員人材確保法案」を国会に提出し、可決され、教員の給与は25％アップし、優れた教員人材確保の条件を整えました。

「税、保険あって介護なし」の高齢者福祉時代が今すぐそこに来ているとの強い危機感を日々持っています。

変革する政治の力が必要ですし、それを後押しする国民の行動が大切です。誰にも訪れる高齢期です。

あとがき

昨年12月、毎週火曜日にデイサービス利用中の92歳の女性が約2か月間も利用されていなく、心配した職員から連絡があり、一緒に往復1時間の自宅を訪ねました。

この方はいわゆる貧困世帯で借金もあり、利用料の滞納が続いていました。

家の内外の掃除も不十分で、玄関先で本人に会いましたが、長い間お風呂にも入っていない様子でした。家族からは利用料を払えず申し訳ないと何度も言われました。

お金はいらないから、お風呂と食事に来られませんかと誘いましたが、その後、連絡はありませんでした。各関係機関に相談しましたが、状況は変わりませんでした。

そこで諦める職員たちではありません。再度自宅に迎えに行きました。

久しぶりのお風呂に入り、手づくりの昼食を食べて、髪切りの得意な職員が髪を綺麗に整えました。

ひどく貧しい暮らしをしていても、また介護が必要でも、声を上げて助けを求められない人もたくさんおられると思います。そのような人たちにも少しでもお手伝いができるよう、あたたかい制度であり、職員でありたいと思います。
「ぼくたちも人間だよ」と言われてから50年、状況は少しずつ発展していると思いつつも、まだまだ十分とは言えません。
それどころか、ますます厳しくなっている面もあることは本書でも述べたとおりです。しかし、決して諦めることなく、新たな時代の幕を開ける国民の一人でありたいと思います。何より全ての国民が平和で豊かで民主主義の根付いた暮らしを実現するために。

この本の編集・制作では、久保企画編集室の久保則之代表に大変お世話になりました。久保代表は私の母校である日本福祉大学の2年先輩であり、本書で紹介した『現代の知識人』に感銘を受け、あえて名古屋大学を中退し、日本福祉大学に入学された逸材で、在学中から信頼し尊敬していた人です。また、学習の友社さんは出版事情の厳しいなか、本書を評価してくださり、本書の発行元を引き受けてくださいました。深謝申し上げます。

2024年4月

槻谷　和夫

槻谷 和夫（つきたに かずお）

1952年、島根県木次町生まれ。
1976年、日本福祉大学卒業。
11年間の特別養護老人ホーム勤務後、小規模多機能老人ホーム開設。

現職　社会福祉法人ことぶき福祉会 理事長
　　　しまね小規模ケア連絡会 会長

著書：『誰もが望む老人ホームづくり』ことぶき福祉会
　　　『私たちが考える老人ホーム』共著・中央法規
　　　『誰もが幸せな高齢社会を求めて』編著・あけび書房

「ぼくたちも人間だよ」と言われて50年
—高齢者福祉の革新と「小地域相互ケアホーム」—

2024年5月19日　初版　　定価はカバーに表示
槻谷 和夫　著

発行所　学習の友社
〒113－0034　東京都文京区湯島2－4－4
TEL03（5842）5641　FAX03（5842）5645
振替　00100-6-179157

印刷所　モリモト印刷

ＩＳＢＮ　978－4－7617－0749－1　C0036

冷たい福祉に抗い、住民を支える福祉に

―福祉で働くあなたへ―

赤星俊一（元福祉事務所職員・元日本福祉大学教授）著

生活困窮者に寄り添う活動をつうじて見えてきた、生活保護申請や市営住宅への入居、コロナ対策、敬老祝い金問題など、具体的な事実を取り上げながら、福祉行政のあり方を問う。

（２０２４年2月刊、A5判、96ページ、１２００円＋税）

権利としての介護保障をめざして

―介護保険20年の問題点とこれから―

黒岡有子（ソーシャルワーカー）著

ソーシャルワーカーとして多くの介護の現場を見てきた著者が、現行の介護保険の歩みをたどりながらその構造的欠陥を明らかにし、公的責任にもとづく「人権としての介護保障」を展望する。

（２０２２年6月刊、A5判、１９２ページ、１８００円＋税）

社会保障運動入門
—人間らしく生きるために—

原冨悟／労働総研社会保障研究部会・編著

社会保障の拡充をめざす運動は、労働者にとって賃上げや時短とともに大切な課題。社会保障の制度、歴史、運動、課題などを52の小項目ごとに整理。労働運動活動家に必携の一冊。

（2021年11月刊、A5判、136ページ、1200円+税）

人間の尊厳と個人の尊重

牧野広義（阪南大学名誉教授）著

障害者や性的少数者を蔑視する優生思想や、同じ仕事をしていても処遇の格差を生む雇用差別が広がるなか、対等・平等な人間関係を築き上げていくことの意味を考察。

（2022年5月刊、A5判、166ページ、1600円+税）